세상에서
가장 쉬운
경영 수업

34개국 엘리트가 열광한 기적의 비주얼 MBA

세상에서 가장 쉬운

경영 수업

제이슨 배런 지음 • 문직섭 옮김

The Visual MBA

Angle Books

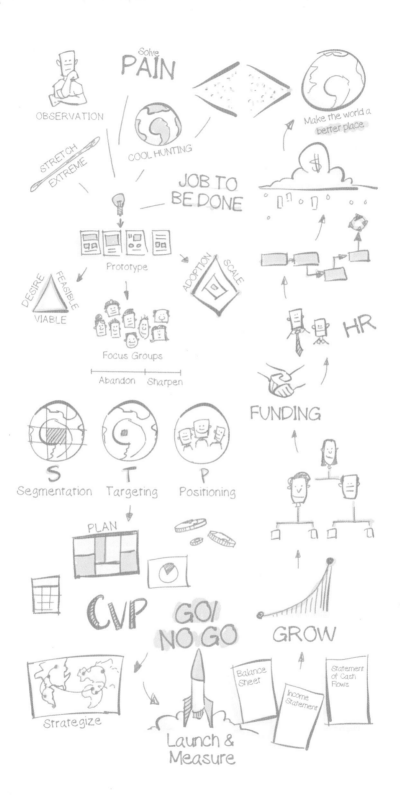

나에게는 세상의 전부인 아내 제키와
우리의 아이들 조쉬, 제임스, 조나, 조시, 주니에게.

책을 시작하며

2년짜리 경영대학원 과정을 하루 만에 끝낸다!

책을 시작하기 전에 당신에게 먼저 축하 인사를 건넨다. 이 책을 선택한 당신, 당신은 이미 훌륭한 비즈니스 의사결정을 내렸다. 축하한다. 여러분은 누가 뭐래도 분명 스마트한 사람일 테다. 지금으로부터 몇 년 전, 나는 MBA를 따기 위해 2년 동안 그 지겨운 강의를 견디고, 산더미 같은 숙제를 해내고, 수만 달러에 이르는 수업료를 쏟아 부었더랬다. 그런데 여러분은 내가 배운 모든 것을 재밌게, 집에서 편안히, 게다가 아주 적은 비용으로 누릴 수 있기 때문이다.

이 책은 내가 2년 동안 경영대학원에서 배웠던 MBA 교육 과정을 일러스트 형태로 깔끔하게 정리한 책이다. 'MBA를 공부하는 데 일러스트라니 이 무슨 가당치도 않은 소리인가'라고 생각할지 모르겠다. 만약 당신이 여백이 보이지 않을 정도로 글씨가 빽빽한 책에서 묘한 희열을 느끼거나 외계어 같은 어려운 용어가 난무하는 책에 흥분을 느끼는 특이 성향이라면 이 책은 당신을 위한 것이 아니니 조용히 덮고 다른 책을 알아보길 바란다.

하지만 그렇지 않다면 이 책은 읽어볼 가치가 충분히 있다. 경영대학원까지는 갈 생각은 없지만 MBA는 한번 공부하고 싶은가? 그런데 600쪽짜리 책을 읽자니 엄두는 안 나고, 시간은 더 안 나며, 따분하고 어려운 내용만 나오면 갑자기 머리가 멍해져 읽은 곳을 몇 번이고 반복해서 읽어야 하는가? 그렇다면 이 책이야말로 당신이 찾던 바로 그 책이다.

전문가들의 연구에 따르면 대다수의 사람들이 '시각적 학습자'라고 한다. 이게 뭔 말이냐 하면 대부분의 사람들이 글보다는 이미지로 접했을 때 더 빨리 이해하고 더 많이 흡수하며 더 쉽게 기억한다는 얘기다. 내가 이 책을 내게 된 이유가 바로 여기에 있다. 분명 읽었는데 이해가 안 되어 한 번 더 읽어야 하는(그러면서 자신의 나쁜 머리를 자책하는) 그런 책 말고 보자마자 직관적으로 이해가 되는 MBA 책, 글이 많지 않아 금방 끝까지 읽을 수 있는 MBA 책, 나중에 잘 써먹을 수 있는 MBA 책이 바로 이 책이다.

내가 무슨 특출난 미술적 재능이 있어서 그림을 그리게 된 것은 아니다(사실 나의 그림 실력은 형편없다. 예쁘고 아름다운 그림을 기대했다면 미리 사과한다). 그보다는 어렵고 복잡한 것은 질색하고, 늘 빈둥거리며 끄적이길 좋아하는 나의 성격이 이 일을 하게 만들지 않았나 싶다. 몇 년 전 나는 마이크 로드Mike Rhode가 개발한 '스케치노트sketchnote'라는 시각적 노트 필기법을 알게 되었는데 이후, 이 필기법의 열렬한 팬이 됐다. 안 그래도 어렵고 복잡한 경영학 공부를 하는데, 다시 읽어보지도 않을 구구절절한 긴 문장으로 빼곡히 노트 필기를 하는 대신 '요점만 간단히' 직관적인 그림으로 기록하는 게 훨씬 더 효율적이며 유용하다고 생각했다. 마이크 로드의 말마따나

"한 장의 그림은 1,000개의 단어만큼 가치가 있기" 때문이다.

그래서 나는 상위 40대 경영대학원에 속하는 브리검영대학교에서 MBA 과정을 시작하며 교과 과정 전체를 스케치노트로 기록하겠다는 어쩌면 황당하다고 할 만한 목표를 세웠다. 그런데 생각하지도 않았던 일이 일어나버렸다. 엄청나게 머리 좋고 나보다 더 잘난 학생들로 가득한 경영대학원 강의실에서 내가 끄적이고 있던 '시각적 노트 필기'에 큰 관심을 보이는 게 아닌가?

그렇다. 여러분이 보고 있는 이 책은 내가 메리어트 경영대학원에 다니며 기록한 모든 스케치노트를 모은 결과물이다. 각 과목의 강의 기간 동안 나는 교수가 가르치는 내용은 물론이고 읽기 과제에 등장하는 주요 개념을 스케치노트로 기록했다. 즉, 강의에서 배운 핵심 내용을 포착한 뒤 복잡한 강의를 단순한 개념으로 정리했다. 그렇게 어디에서도 볼 수 없는 이 '비주얼 MBA 노트'가 탄생했다.

강의실에서 학생들과 교수님들이 돌려 보던(?) 이 스케치노트가 한 권의 책으로 탄생될 수 있었던 것은 소셜 크라우드 펀딩 사이트 덕분이다. '책으로 출간하면 어떻겠느냐'는 여러 사람들의 제안에 힘입어 나는 킥스타터Kickstarter에서 책 출간을 위한 펀딩을 시작했고, 또 한 번 생각하지도 않은 일이 벌어졌다. 세상을 바꿀 혁신적인 선사 제품도, 지구의 환경오염을 개선시킬 획기적인 발명품도 아닌, 그저 경영학 과정을 좀 더 쉽고 재밌게 이해하기 위해 만든 책일 뿐이었는데 사람들이 나의 프로젝트에 열광적인 반응을 보내주었던 것이다. 꼭 경영대학원에 가지 않더라도 MBA를 공부하고 싶은데 높디 높은 진입 장벽에 막혀 지레 포기했던 많은 사람들이 그렇게나 많았다니 놀라울 뿐이었다.

더욱 놀라운 것은 비단 미국뿐 아니라 전 세계 40개의 나라들에서 나의 프로젝트에 펀딩을 했다는 점이었다. 글이 아닌 그림이 중심이 된 책이기에 전 세계 사람들의 지지를 받을 수 있었던 게 아닐까 생각한다. 아까도 말했다시피 "한 장의 그림은 1,000개의 단어만큼 가치가 있기" 때문이다. 그렇게 한 달도 안 되어 목표했던 금액의 1,000퍼센트라는 믿을 수 없는 기록을 달성하며 나의 스케치노트는 세상 밖으로 나올 수 있었다.

나는 경영대학원을 다니지 않았고 앞으로도 다닐 일이 없는 사람들을 첫 번째 대상으로 이 책을 썼다. 물론 당신이 경영대학원을 이미 다녔거나 현재 공부를 하고 있다고 해도 복습 차원에서 본다면 무척 도움이 되리라 생각한다(알다시피 공부한 내용이 머릿속에 잘 남지 않기 때문이다). 각 장에는 전통적인 경영대학원 교과 과정에서 다루는 개념들을 보다 잘 이해할 수 있도록 관련 설명들도 함께 담았다.

빠르게 훑어보거나 아니면 내용을 깊이 파고들거나 어떤 방법으로든 여러분이 편한 방식으로 읽으면 된다. 빠르게 읽는다면 당신은 하루만에도 2년짜리 MBA 과정을 끝낼 수 있다. 뭐가 됐든 재미있고 빠르고 기억에 남는 방법으로 이 책을 읽으며 엄청나게 많은 시간을 절약할 수 있기를 바란다. 유일한 규칙은 재미있게, 호기심을 품고, 여러분 스스로 새로운 사실을 알아내는 것이다. 그렇게 하면 그런 자신이 매우 흡족하게 느껴질 것이다.

나는 이 책을 선택한 여러분이 이미 천재에 가까운 엄청나게 스마트한 사람이라고 생각한다. 이제 편안한 자세로 느긋하게 여러분의 천재적인 두뇌 속으로 흡수되는 지식들을 즐기기 바란다.

그럼 시작해 보자.

차례

책을 시작하며 — 6

chapter 1

경영자가 된다는 것

당신만의 리더십 브랜드를 구축하라 — 15

chapter 2

'기업 성적표' 해석하기

경영의 언어이자 회사의 언어, 재무제표 — 27

chapter 3

문제를 해결하면서 돈을 버는 방법

아이디어와 혁신, 수익성의 상관관계 — 41

chapter 4

하루에 얼마를 팔아야 이익이 생기는가

의사결정을 뒷받침하는 관리 회계 — 53

chapter 5

지금 투자하는 돈의 가치는 얼마인가

미래 현금흐름과 자산의 유용성 파악하기 — **61**

chapter 6

모두가 아닌 '한 사람'에게 팔아라

시장 분석과 마케팅 전략 수립하기 — **69**

chapter 7

효율성 100퍼센트를 향해

최고의 성과를 내는 운영 관리 노하우 — **81**

chapter 8

모든 문제와 답은 사람에게 있다

전략적 인사 관리와 성과 관리 — **89**

chapter 9

최악의 상황에서도 YES를 끌어내는 법

비즈니스 협상과 설득 — **99**

chapter 10

경쟁이 아닌 차별화가 관건!

'나음'을 이기는 '다름'의 철학 — **109**

chapter 11

잘못된 선택으로 위험에 빠지지 않으려면

기업 윤리에 대한 이해 ― **123**

chapter 12

초고속 성장하는 창업 기업의 비밀

스타트업을 위한 최상의 실행 계획과 투자 전략 ― **131**

chapter 13

가야 할 방향을 정확히 알고 있는가

기업을 성공으로 이끄는 올바른 의사결정의 힘 ― **147**

chapter 14

변화하지 않으면 새로운 시작도 없다

조직의 동기부여를 위한 경영자의 역할 ― **159**

chapter 15

좋은 리더에서 위대한 리더로

전세의 판도를 바꾸는 리더의 전략적 사고 ― **175**

chapter 16

탁월한 아이디어는 어디에서 오는가

지속가능한 창의성과 혁신 ― **185**

chapter 17

물건이 아닌 상황을 팔아라

경쟁을 없애버리는 스타트업 마케팅의 핵심 — **199**

chapter 18

직원과 사장의 목표를 일치시키는 법

성과와 인센티브의 균형 잡기 — **217**

chapter 19

여기서 팔던 것을 저기에서도 팔려면

글로벌 비즈니스를 위한 CAGE 프레임워크 — **227**

chapter 20

이제 당신의 사업을 시작하라

사업을 시작하고 성공시키는 모든 것 — **235**

책을 마치며 — 241

참고 문헌 — 243

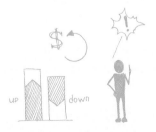

CHAPTER ONE

[경영자가 된다는 것]

당신만의
▶▶ 리더십 브랜드를 구축하라 ◀◀

리더십은 일반적인 '경영' 또는 '관리' 이상의 의미를 담고 있다. 리더십은 다른 사람들에게 동기를 불어넣고 변화를 고취시키는 방법을 통해 결과를 개선시키는 모든 행동의 총칭이다.

리더십의 핵심 요소 [1]

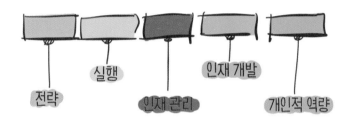

전략
기업의 지속적인 성공을 위한 미래 비전과 포지셔닝의 수립

실행
전략을 바탕으로 결과를 도출하기 위한 조직 시스템의 구축

인재 관리
직원을 대상으로 한 동기부여와 참여 유도, 커뮤니케이션

인재 개발
미래 리더십을 위한 직원 양성

개인적 역량
성실함, 신뢰를 불러일으키는 행동, 공감 능력, 과감한 의사결정 등

WHAT IS YOUR LEADERSHIP
BRAND?

당신의 리더십 브랜드(유형)는 무엇인가?

사람들이 당신을 보며 생각하고 느끼는 것, 그것이 바로 당신의 리더십 브랜드다.

결과를 도출하는
리더십 브랜드 구축의 5단계②

1. 앞으로 12개월 동안 달성하려는 목표를 정하라.

고객과 투자자, 직원, 조직 전체의 이익을 모두 고려하라.

2. 자신이 어떻게 인식되고 싶은지 결정하라.

'겸손한', '낙관적인', '헌신적인' 등 알려지고 싶은 자신의 모습을 묘사하는 서술어 6개를 선정하라.

3. 선정한 서술어를 통합하라.

6개의 서술어를 '겸손한 낙관주의', '사심 없는 헌신' 등의 두 단어 문장으로 통합하라.

4. 자신의 리더십 성명서를 만들고, 검증하라.

"'이러이러한' 결과를 얻기 위해 나는 '이러이러한' 인물로 알려지고 싶다"라는 성명서를 작성한 뒤, 스스로에게 물어 보라. 이 문장이 나를 가장 잘 표현하는 말인가?, 이것이 내 주위의 이해관계자들에게 가치를 창출할 수 있는가?, 위험 요소는 없는가?

5. 실현하라.

자신의 리더십 브랜드를 다른 사람들과 공유하고, 그 브랜드가 자신의 행동과 어울리는지 다른 사람들에게 의견을 구하라.

첫인상을 결정하는 데 걸리는 시간

7초[3]

① 태도를 미리 점검하라.

② 자세를 바로잡아라.

③ 미소를 지어라.

④ 상대방과 눈을 맞춰라.

⑤ 눈썹을 올리며 눈을 크게 뜨라.

⑥ 악수를 하라.

⑦ 상대 쪽으로 몸을 기울여라.

20

업무와 조직에 적극적이지 못한 직원이 있는가? 그들에게 자율성과 전문성을 부여하고 목적의식을 심어 주어 능동적으로 참여할 수 있도록 하라. 직원들이 자유로운 분위기 속에서 창의력을 발휘하고 주어진 업무를 능숙하게 처리하며 업무에 대한 목적의식을 갖출 수 있게 하라.

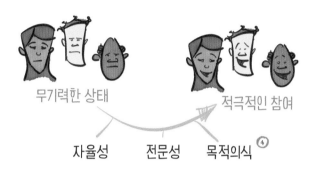

직업에서 행복감을 느끼려면, 야구 배트에서 공을 가장 멀리 보낼 수 있는 지점을 찾듯이 자신의 스위트 스폿을 찾아야 한다. 즉, 자신의 능력(자신이 잘 하는 일), 열정(두말할 필요가 없다), 기회(시장의 수요) 사이에서 균형을 맞춰야 한다.

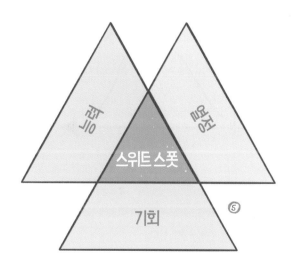

근무지의 환경을 바꿔라. 그러면 사람들도 변한다.

직장 내 분위기는? ⑥

사람을 변화시키는 게 어렵기는 하지만, 가장 빨리 변화시킬 수 있는 방법은 그들이 놓인 환경을 바꾸는 것이다. 그러고 나면 바뀐 환경이 문화를 형성한다. 주위를 둘러보며 일하는 곳의 '분위기'를 파악해 보자. 답답함을 느끼는가? 지시나 명령에 잘 따르는 편인가? 아니면 너무 한산한가? 사무실 칸막이가 다른 사람과의 소통을 막고 있지는 않나? 활기가 전혀 없는가? 이런 분위기들이 바로 직장의 문화다. 이 문화를 바꾸면 사람들은 문화에 따라 변한다.

시간 관리가 아닌
에너지 관리가 필요하다. ⑦

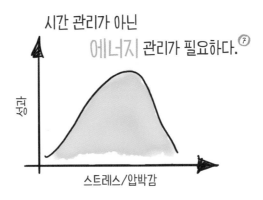

어느 정도의 스트레스는 수행 능력을 끌어올리는 데 도움이 되지만, 일정 수준을 넘어서면 수행 능력을 떨어트린다. 이럴 때면, 수행 능력 유지를 위해 반드시 휴식을 취하고 가벼운 운동을 하며 긴장을 풀고 마음을 진정시켜야 한다.

4C'S OF TEAM PERFORMANCE

팀 수행 능력의 4C [8]

① CONTEXT 상황

팀을 둘러싼 환경은?
팀 분위기는?

보상

GOALS

목표

팀이 놓여 있는 '상황'이란 보상 시스템, 목표, 조직 문화, 환경 등을 뜻한다.

---

② COMPOSITION 구성 요소

기량 및 개인별 성격

팀의 '구성 요소'란 업무를 진행하는 데 있어서 필요한 팀원과 그들의 기량, 성격 등을 모두 포함하는 말이다. 그러므로 팀과 업무에 가장 적절한 사람을 고용하는 일이 매우 중요하다.

③ COMPETENCIES 역량

목표 설정 및 달성

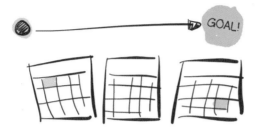

올바른 목표를 설정하고 이를 달성하기 위해 팀의 기량을 활용하는 것이 '역량'에 해당한다.

④ CHANGE 변화

적응성

팀 수행 능력에서 말하는 '변화'란 목표를 향해 나아가는 동안 급격히 변하는 상황에 적응할 수 있는 팀의 능력을 의미한다.

리더십은 일반적인 '관리'를 넘어서는 영역의 일이다.

▶ 리더십의 핵심 요소: 전략, 실행, 인재 관리, 인재 개발, 개인적 역량

▶ 사람을 변화시키려면 그들이 놓인 환경, 즉 조직 문화를 바꿔야 한다. 또한 리더는
  자율성, 전문성, 목적의식을 통해 직원의 적극적인 참여를 이끌어내야 한다.

▶ 팀 수행 능력을 높이기 위한 4가지 방법: ①보상 시스템의 개선 ②적절한 인재 고용
  ③팀의 기량 활용 ④변화 대응 능력의 고취

CHAPTER TWO

'기업 성적표' 해석하기

▶▶ 경영의 언어이자 회사의 언어,
재무제표 ◀◀

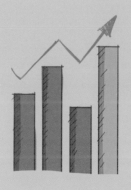

회계는 기업의 언어다. 기업이 운영을 어떻게 하고 있는지 기록하지 않으면, 개선할 방법을 찾을 수 없다. 이 장에서 다루는 모든 내용은 다음 3가지 재무제표에 관련된 것들이다.

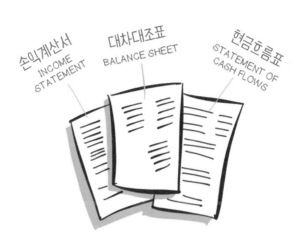

이제 당신은 레모네이드 가판대의 새로운 CEO로 취임했다. 몇몇 자산을 구입하기 위해 50달러의 대출을 받아 가판대를 20달러에 구입하고 30달러가 남았다고 가정해 보자.

대차대조표
(순자산 계산서)

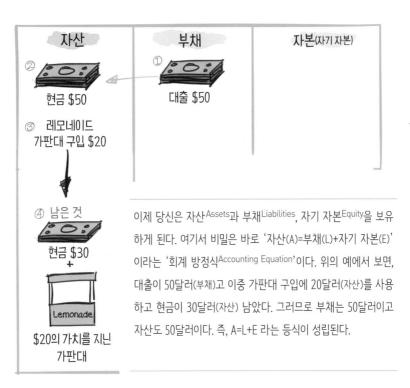

자산	부채	자본(자기 자본)
② 현금 $50	① 대출 $50	
③ 레모네이드 가판대 구입 $20		
④ 남은 것 현금 $30 + $20의 가치를 지닌 가판대		

이제 당신은 자산Assets과 부채Liabilities, 자기 자본Equity을 보유하게 된다. 여기서 비밀은 바로 '자산(A)=부채(L)+자기 자본(E)'이라는 '회계 방정식Accounting Equation'이다. 위의 예에서 보면, 대출이 50달러(부채)고 이중 가판대 구입에 20달러(자산)를 사용하고 현금이 30달러(자산) 남았다. 그러므로 부채는 50달러이고 자산도 50달러이다. 즉, A=L+E 라는 등식이 성립된다.

회계 방정식

$$A = L + E$$

자산　　　　부채　　　자기 자본

좋았어! 첫날 레모네이드 매출은 90달러였다. 꽤 괜찮은 성과다. 그 결과, 대차대조표는 다음과 같아진다.

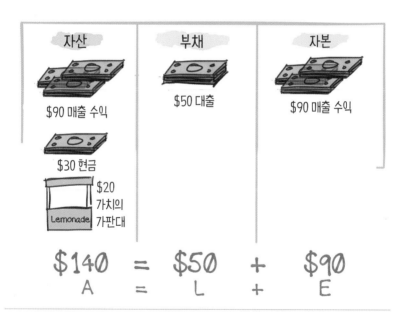

대차대조표는 '특정 시점의 스냅 사진'이며 기업의 순자산을 나타내는 좋은 지표다. 이제 손익계산서로 넘어가 보자.

손익계산서

('수익계산서' 또는 '이익계산서'라고도 부름)

수익(매출)   —   비용   =   순이익

수익

매출	$90
매출원가	$20
총이익	$70

$70/$90=78% (총이익률)

영업비용

관리비	$3
영업이익	$67

(EBIT라고도 한다.) $67/$90=74% (영업이익률)

기타비용

세금	$2
이자	$1
순이익	$64

$64/$90=71% (순이익률)

그렇다. 매출 수익은 90달러지만 컵과 설탕, 레몬을 구입하는 데 20달러를 지출했으므로, 총이익gross profit은 70달러다. 거기에다 관리비administrative 등의 간접비용을 지출하고 나면, 67달러의 영업이익operating profit 또는 이자 및 세전이익EBIT, earnings before interest & taxes이 생긴다. 여기서 이자와 세금을 뺀 64달러가 순수익net profit이다.

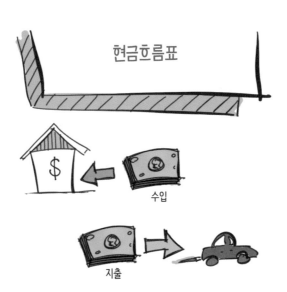

현금흐름표

수입

지출

수입(+)과 지출(-)은 다음 활동들에서 발생할 수 있다.

① 영업 활동
+ 제품 판매
- 재고 구매
- 임금 지급
- 기타 비용

영업 활동에서 발생한 순현금(순이익)
은 현금흐름표의 제일 아래쪽에
기록된다.

② 투자 활동
+ 자산 매각
- 자산 구입

현금은 비생산적
자산이다.

③ 재무 활동
+ 주식 발행
+ 차입
- 대출 상환

자산 구입에 활용하라!

계획은 항상 위기가 발생할 때 등장하지만,
사실은 그 이전에 필요한 법이다.

목표 ➡ 계획 ➡ 평가 ➡ 조정

진단 또는 기업 간의 비교

총금액을 100으로 놓고 각 항목을 퍼센트로 표시한 백분비 재무제표common sized financial statements는 특정 기간 동안 기업의 성과를 파악하거나 한 기업을 유사한 산업 내에 있는 다른 기업과 비교할 때 쓰는 재무제표다. 이를 위해서는 모든 항목을 총매출액으로 나눠 각 항목의 차이를 파악해야 한다. 그럼 2년 차 매출액을 100퍼센트로 놓고 각 항목의 비율을 구해 보자.

수익		2년 차	1년 차
매출	$90	100%	67%
매출원가	$20	(22%)	(33%)
총이익	$70	78%	33%
영업비용			
관리비	$3	(3%)	(2%)
영업이익	$67	74%	31%
기타비용			
세금	$2	(2%)	(1%)
이자	$1	(1%)	(1%)
순이익	$64	71%	28%

추정손익계산서

추정손익계산서는 '미래의 성과가 어떨지' 알아보는 훌륭한 방법으로, 매출 증가에 바탕을 둔 추정치. 재무제표를 보면 모든 항목이 매출액에 따라 변함을 알 수 있다. 여기서는 매출원가와 관리비가 매출액 증가에 따라 늘어난다고 가정해 보자.

만약 매출액이 20퍼센트 증가하면, 순이익은 어떻게 될까? 앞선 페이지의 손익계산서를 보면 2년차의 매출원가는 매출액의 22퍼센트이며 관리비는 3퍼센트임을 알 수 있다. 매출액 90달러가 20퍼센트 증가해 108달러가 되면, 이 매출액의 22퍼센트(매출원가)와 3퍼센트(관리비)가 얼마인지 파악할 수 있다.

수익		추정치
매출	$90	$108
매출원가	$20	$23.76
총이익	$70	$84.24

영업비용		
관리비	$3	$3.24
영업이익	$67	$81

기타비용		
세금	$2	$2
이자	$1	$1
순이익	$64	$78

FINANCIAL RATIOS

재무 비율

재무 비율은 특정 기간 동안 기업의 성과를 비교하거나, 문제를 진단하거나, 유사한 산업 내에서 한 기업을 다른 기업과 비교할 수 있는 훌륭한 방법이다. 가장 흔히 쓰는 재무 비율 몇 가지를 아래에 소개한다.

자기자본 대 부채비율 Debt-to-equity

재무 레버리지 Financial leverage: 자산 조달 자금을 위해 활용한 부채의 규모

총부채 ÷ 주주 자기자본

유동비율 Current Ratio

유동성 Liquidity: 단기 채무를 상환할 수 있는 기업의 능력. 비율이 높을수록 상환 능력이 강하다는 뜻이다.

유동자산 ÷ 유동부채

자기자본이익률 Return on Equity

주주가 투자한 자금으로 창출된 이익(퍼센트로 표시되며 순이익으로는 경상이익, 세전 순이익, 세후 순이익 등이 사용된다. – 옮긴이)

순이익 ÷ 주주 자기자본(%)

순이익비율 Net Profit Margin

수익을 이익으로 전환시키는 과정에서의 비용 관리 효율성. 비율이 높을수록 좋다.

순이익 ÷ 순매출

DUPONT FRAMEWORK

듀퐁 수익성 분석 프레임워크

듀퐁 수익성 분석 프레임워크는 기업의 강점과 약점 그리고 이들이 자기자본이익률에 미치는 영향을 나타내는 복합 방정식으로, 듀퐁 방정식Dupont Equation이라 부르기도 한다. 미국의 글로벌 화학업체 듀퐁에서 자기자본이익률을 경영지표 단위로 분석하기 위해 개발했기에 이러한 이름이 붙었다. 기업의 성격을 순이익률(순이익/매출), 총자산회전율(매출/총자산), 레버리지 (총자산/자기자본)를 통해 파악할 수 있다. 즉, 기업의 순이익이 얼마나 높은지, 자산을 효율적으로 사용하고 있는지, 부채는 얼마나 활용하고 있는지 등을 파악하는 것이다.

자기자본이익률ROE

$$\frac{\text{순이익 } Net\ Income}{\text{매출 } Sales} \times \frac{\text{매출 } Sales}{\text{총자산 } Assets} \times \frac{\text{총자산 } Assets}{\text{자기자본 } Equity}$$

$$\times$$

$$100(\%)$$

주식의 가치 파악하기

레모네이드 가판대를 시작하면서 주식 100주를 발행했고, 사업 파트너를 영입하면서 각자가 20주씩을 갖고 있다고 가정해 보자. 이 말은 각 주주가 현재 기업 가치의 20퍼센트를 소유한다는 뜻이다. 기업의 현재 가치가 204달러라면, 각 주의 가치는 얼마일까?

기업 가치: $204 (순수익 $64 +자산 $140)

$204/100주 = 1주당 $2.04

 각 주주는 20주 × $2.04=$40.80의 가치를 소유하고 있다.

SUMMARY

회계는 기업의 언어이자 기업의 성적표다.

▶ 대차대조표 : 자산(A) = 부채(L) + 자기자본(E)

▶ 백분비 재무제표 : 특정 기간의 기업의 성과를 파악하거나 유사 산업의 다른 기업과 비교할 때 쓰는 재무제표. 수익과 비용을 총매출액으로 나눠 항목을 차이를 파악한다.

▶ 추정손익계산서: 매출 증가에 바탕을 둔 추정치. 매출액, 매출원가, 영업이익 등으로 구성된다.

▶ 1주당 기업 가치 계산법: (순수익 +자산)/주식 발행 수량

CHAPTER THREE

문제를 해결하면서 돈을 버는 방법

▶▶ 아이디어와 혁신, ◀◀
수익성의 상관관계

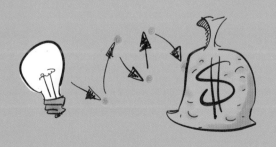

창업 기업가적 경영Entrepreneurial Management이란 알려지지 않은 문제(고통)를 알려지지 않은 해결 방안(혁신)으로 해결하는 것을 뜻한다. 불확실성을 해결하는 열쇠는 문제 파악에 있으며, 적절한 해결 방안을 찾는 핵심은 실험에 있다.

알려지지 않은 해결 방안으로   알려지지 않은 문제를 해결

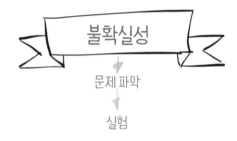

불확실성

문제 파악

실험

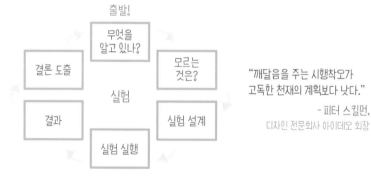

출발!

무엇을 알고 있나?

결론 도출   모르는 것은?

실험

결과   실험 설계

실험 실행

"깨달음을 주는 시행착오가
고독한 천재의 계획보다 낫다."

- 피터 스킬먼,
디자인 전문회사 아이데오 회장

실험을 실행하라. 먼저 알고 있는 내용으로 시작하라. 그러고 나서 모르는 것(문제 또는 가설)이 무엇인지 파악하라. 실험의 설계와 실행은 성공적인 제품을 찾을 때까지 계속되어야 한다.

아이디어는 사람들이 좋아할 만하고, 실행 가능해야 하며, 성공 가능성이 있어야 한다. 이들 중 어느 하나라도 충족시키지 못하면 그것은 그저 아무 의미 없는 아이디어일 뿐이다.

고통은 혁신을 위한 핵심 요소다. 주위를 둘러보며 특정 제품이나 서비스가 없어서 사람들이 불편을 느끼고 있는 부분들을 찾아라. 불편과 고통이 심할수록 그 속에 큰 기회가 숨어 있다.

고통: 소비자들이 자신의 시간이나 돈을 들여
해결하려는 모든 문제 또는 충족되지 못한 필요.

항상 '심한 고통'을 찾아 나서라.

"문제를 볼 때 그 문제가 단순한 해결 방안들이 있는 정말 간단한 문제로 보인다면, 그 문제의 복잡성을 진정으로 이해하지 못한 것이다. (…) 그러다 진짜 문제에 빠져 문제가 정말 복잡해 보이기 시작하면 모든 종류의 난해한 해결 방안을 생각해 내게 된다. 이 부분이 바로 대부분의 사람들이 포기하는 지점이다. 하지만 정말 탁월한 사람은 계속 나아가며 해결의 열쇠를 찾아낸다. 즉 문제 안에 놓인 기본 원리를 발견하는 것이다. 그러고 나서 제대로 작동하는 멋지고 간결한 해결 방안을 제시한다."

— 스티브 잡스 (스티븐 레비Steven Levy의 《완벽한 물건The Perfect Thing》 중에서) [3]

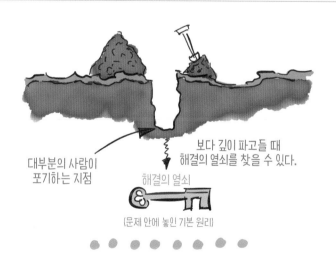

대부분의 사람이
포기하는 지점

보다 깊이 파고들 때
해결의 열쇠를 찾을 수 있다.

해결의 열쇠

(문제 안에 놓인 기본 원리)

핵심 문제에 대한 단순한 해결 방안은

간결함이다.

모든 고통이 해결할 **가치**가 있는 것은 아니다.

수익성이 가장 좋을 것 같은 곳에
(즉 가장 높은 산에)
에너지를 쏟아 부어라

어떤 문제를 해결할 엄청난 아이디어가 떠올랐는가? 그런데 그 문제가 수익성이 그리 높아 보이지 않고 사람들이 크게 고통스러워하지도 않는 것이라면 그 아이디어는 버려야 한다. 해결되지 못한 고통 중에서 가능한 한 수익성이 가장 높은 분야를 찾아야 한다.

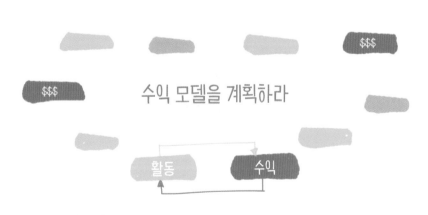

수익 모델을 계획하라

활동 수익

제품이 대중의 선택을 받으려면 가격과 혜택, 사용 용이성, 구매 편리성이 균형을 이뤄야 한다. 이 부분들에서 강점이 있으면 제품이 소비자에게 선택받을 확률은 훨씬 더 커진다.

채택 척도 ②

낮은 가격

손쉬운
구매

뛰어난
혜택

쉬운 사용

제품 A   제품 B   제품 C

수익에 대한 계획을 세워 수익을 극대화하라. 어떤 활동과 어느 소비자에게서 수익이 발생하는지 확인하라. 또한 수익을 올리는 데 걸림돌이 되는 부분을 줄이도록 하라.

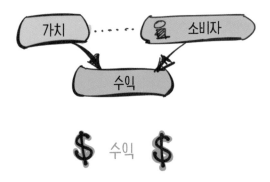

가격 책정은 신제품을 만들어 낼 때 가장 중요한 과정 중 하나다. 가격을 너무 낮게 책정하면 수익을 올릴 기회를 잃게 된다. 너무 높게 책정하면 소비자를 놓친다. 비결은 적절하게 가격을 매기는 방법을 찾는 것이다. 적절한 가격을 찾아내는 가장 좋은 방법은 소비자를 상대로 한 설문 조사다.

소비자에게 질문하라:
- 이 제품에 얼마를 지불하겠습니까?
- 한 달 또는 일 년에 몇 번이나 이 돈을 지불하겠습니까?

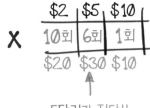

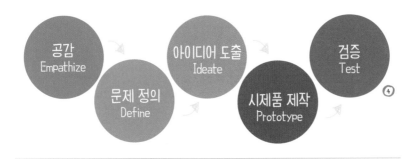

스탠퍼드대학교 디자인 스쿨은 혁신에 이르는 과정을 위와 같이 제시한다. 이 과정을 통해 아주 빠르게 새로운 혁신을 발견하고 검증할 수 있다.

월트 디즈니Walt Disney는 디즈니 테마 파크를 건설하면서 무릎을 꿇고 앉아 어린이의 관점에서 테마 파크를 바라보곤 했다. 공감은 소비자의 세계를 이해하고, 그들의 필요를 충족시키는 제품이나 경험을 만들어 내기 위한 매우 중요한 첫 단계다.

 예) "무더운 한낮에 잔디를 깎는 사람들을 어떻게 하면 편하게 해 줄 수 있을까?"

공감에서 얻은 내용을 살펴보면서 어떤 문제를 해결할지에 집중해야 한다. 그리고 이를 바탕으로 해결 가능한 문제를 정확히 기술하라.

아이디어 도출

이제 문제에서 파악한 내용을 염두에 두고 해결을 위한 아이디어를 생각해 내라. 아이디어는 많으면 많을수록 좋다.

시제품 제작

아이디어들을 걸러낸 뒤 시제품을 제작하라. 접착테이프와 종이만을 사용해 시제품을 만들 수도 있다. 시제품은 아이디어를 검증하고 테스트해 보기 위한 것이다. 그러므로 그렇게 화려하고 멋지게 만들 필요는 없다.

검증

목표로 삼은 시장에 속한 사람들을 찾아 시제품을 테스트하라. 어떤 점을 좋아하는가? 어떤 교훈을 얻었나? 여기서 얻은 교훈을 바탕으로 아이디어 도출 → 시제품 제작 → 실험 과정을 반복한다.

SUMMARY

고통 즉 소비자의 필요가 많을수록 사업의 기회는 더 커진다.

▶ 아이디어의 정의: 시장성이 있고 실행 가능하며 성공 가능성이 있어야 한다.

▶ 소비자가 제품을 선택하는 4요소: 가격, 혜택, 사용 용이성, 구매 편리성

▶ 혁신적 문제 해결의 5단계: 공감(문제에 대한 이해) → 문제 정의(해결 지점 파악) →
아이디어 도출(브레인스토밍) → 시제품 제작(검증) → 실험(타깃 소비자의 필요를 충족
시키는지 확인). 제품이 완성될 때까지 이 과정을 반복해야 한다.

CHAPTER FOUR

하루에 얼마를 팔아야 이익이 생기는가

의사결정을 뒷받침하는 관리 회계

관리 회계Managerial Accounting는 경영자가 경영에 관련된 의사결정을 내리는 데 필요한 회계 정보, 즉, 내부 보고를 위한 회계를 말한다.

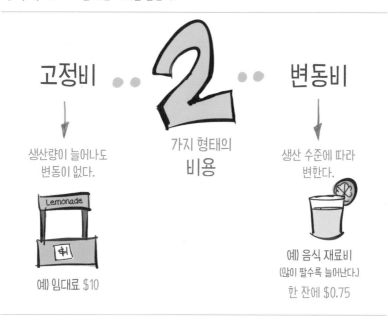

고정비

↓

생산량이 늘어나도
변동이 없다.

예) 임대료 $10

2

가지 형태의
비용

변동비

↓

생산 수준에 따라
변한다.

예) 음식 재료비
(많이 팔수록 늘어난다.)
한 잔에 $0.75

고정비와 변동비를 분리해 기록해야 하며, 근본적으로 다른 요소이기 때문에 이들을 결합해서는 안 된다. 레모네이드를 많이 팔아도 임대료 10달러는 변함이 없지만 재료비와 이익은 판매량에 따라 증가한다.

비용cost   판매량volume   이익profit

CVP 분석은 복잡해 보이지만 사실 매우 간단하다. 단위당 판매가에서 단위당 원가를 뺀 값에 예상 판매량을 곱하기만 하면 된다. 이를 통해 비용 변화가 영업이익과 순이익에 어떻게 영향을 미치는지 이해할 수 있다.

Revenue Cost Contribution Margin

수익 − 변동비 = 공헌 이익
(매출)

공헌 이익이라는 용어가 복잡해 보일지 모르겠지만 실상은 단순하다. 매출에서 변동비를 뺀 값으로 고정비(여기서는 레모네이드 가판대) 지출에 '공헌'한다는 의미이다.

레모네이드 한 잔을 1달러에 판매하고, 변동비인 설탕과 레몬 비용이 한 잔당 0.75달러라면, 여기서 남은 0.25달러가 임대비용 10달러(고정비)를 지불하는 데 '공헌'할 수 있다.

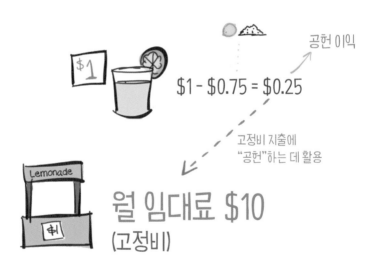

공헌 이익

$1 - $0.75 = $0.25

고정비 지출에
"공헌"하는 데 활용

월 임대료 $10
(고정비)

이런 공식이 멋지게 적용되는 곳이 있다. 사람들이 자신의 비즈니스를 계획하면서 "아~! 임대료가 10달러인데, 레모네이드 한 잔을 1달러에 팔아서 0.25달러의 이익이 남는다면, 도대체 몇 잔을 팔아야 임대료를 충당할 수 있을까?"라는 생각이 들 때, 그 해답을 찾게 해준다.

$$\frac{\$10}{(\$1 - \$0.75)} = \text{손익을 맞추려면 40잔을 팔아야 한다.}$$

멋지지 않나? 이제 한 발 더 나아가 보자. 레모네이드를 160잔 팔았다면, 변동비(단위당 원가 0.75달러 x 판매량 160)는 120달러다. 여기서 남는 돈(40달러 수익)에서 고정비를 지출하고 나면 30달러의 이익이 생긴다. 공식은 이렇게 활용하는 것이다.

오늘 판매량은 160잔! ···▶ ($160 - $120) - $10 = $30 이익

160 x $1   160 x $0.75   고정비

목표

매월 1,000달러의 이익을 올리고 싶다!

$$\frac{\text{고정비용} + \text{목표}}{\text{공헌 이익}}$$

$$\frac{\$10 + \$1,000}{\$0.25} = 4,404잔!$$

57

ACTIVITY BASED COSTING
활동 기준 원가 계산

ABC를 활용한 간접비 파악

- 전기료 -$5
- 유지보수비용 - $2 } $8 간접비
- 청소비 - $1
- 기타 등등

활동 기준 원가 계산은 비즈니스에서 일반적으로 발생하는 간접비를 파악하는 데 중요한 역할을 한다. 이들을 분석하면, 각 활동에 드는 실제 비용이 드러나면서 어떤 활동이 계속할 가치가 있는지 파악할 수 있다.

경영 과정 The Management Process ①

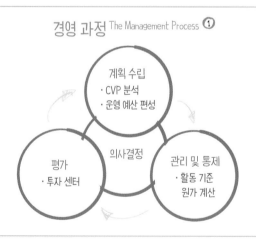

경영 과정은 상당히 단순하고 분명하다. 계획 수립, 관리 및 통제, 평가의 과정들이 의사결정에 필요한 정보를 제공해 준다.

관리 회계란 기업의 경영 계획 수립을 위한 회계 분석 기법이다.

▶ CVP 분석: 생산량의 변화에 따라서 이익과 원가(비용)가 어떻게 달라지는지 분석하는 것.

▶ 공헌 이익: 매출−변동비. 고정비 지출에 '공헌'한다는 의미.
목표 이익 = (고정비+목표 이익)/공헌 이익

▶ 활동 기준 원가 계산activity-based costing: 간접비를 파악하는 방법. ABC 정보를 활용하면 원가절감 효과를 얻을 수 있을 뿐 아니라 더 나아가 올바른 경영 의사결정을 내릴 수 있다.

CHAPTER FIVE

지금 투자하는
돈의 가치는 얼마인가

▶▶ **미래 현금흐름과**
자산의 유용성 파악하기 ◀◀

$$PV = \frac{CF_t}{(1+r)^t}$$

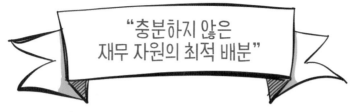

기업 재무Business Finance의 정의:

"충분하지 않은
재무 자원의 최적 배분"

국가의 부

천연자원, 노동력, 혁신, 금융 자본 등

재무적 자본이 알맞은 곳에 조달, 배치, 배분되지 못하면 어떤 일이 일어날까. 이는 곧 국가 경제에서 천연자원과 노동력이 제대로 활용되지 못하고 혁신이 이루어지지 못하는 결과로 이어지게 된다. 최적의 자본 배치는 그런 의미에서 무척 중요하다.

최적의 자본 배치

어디에, 어떻게 활용할 수 있을까?

① 사업 추진 여부 결정

② 자산 구입 및 매각

③ 효율적 운영

자본 사슬은 자본에서부터 시작된다. 자본은 자산을 구입하는 데 사용되고, 이 자산을 통해 제품이 생산된다. 생산된 제품의 판매는 매출과 순이익의 증가로 이어진다. 우리는 다양한 재무 비율을 활용해 우리가 자본 사슬을 얼마나 효율적으로 운영하는지 분석할 수 있다.

자산의 가치는 자산의 유용성에서 비롯된다.

현금은 어떨까?

유용성은 미래 현금흐름이다.
은행에서 잠자고 있는 돈은
아무런 가치가 없다.

모든 제품과 서비스는 시간에 영향을 받는다. 현금의 유용성은 미래 현금흐름Future Cash Flow(자산에서 앞으로 기대되는 현금 사정을 추정하고 그 추정 금액에 일정한 할인율을 적용하여 현재 가치를 환산한 것 – 옮긴이)에 있으며, 이런 현금흐름은 시간에 영향을 받는다. 현재의 100달러와 5년 뒤에 받는 100달러의 가치는 다르다. 이제 이와 같은 가치 변화를 계산하는 방법을 살펴보자.

돈의 시간적 가치

이봐 친구,

내가 '5년 뒤에' 1,000달러를 주겠다고 약속하면,

'지금 현재' 나한테 얼마까지 줄 수 있나?

당연히 1,000달러보다는 적겠지!

그래서… 얼마냐고?

지금부터 다룰 부분이 어려워 보여 미리 겁먹을지 모르겠지만, 알고 보면 정말 쉽다. 여러분은 지금 갖고 있는 1,000달러와 5년 뒤에 받는 1,000달러의 가치가 다르다는 사실을 이미 직관적으로 안다. 지금 손에 든 현금으로 주식투자 등 할 수 있는 일이 무척 많다. 그렇다면 5년 뒤에 받는 1,000달러의 현재 가치는 얼마일까?

이를 바탕으로 당신은 다른 곳에 투자해 수익을 올릴 수도 있겠지만, 1,000달러를 주겠다고 약속한 사람이 약속을 지키지 않을 위험 요소도 감안해야 한다. 이 위험 요소들은 '할인율 discount rate'로 반영된다(여기서는 4퍼센트로 책정했지만, 여러분이 원하는 어떤 비율도 가능하다).

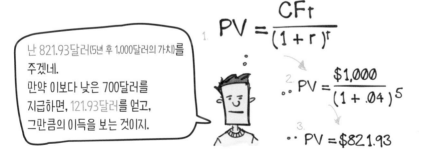

난 821.93달러(5년 후 1,000달러의 가치)를 주겠네.
만약 이보다 낮은 700달러를 지급하면, 121.93달러를 얻고,
그만큼의 이득을 보는 것이지.

$$1. \quad PV = \frac{CF_t}{(1+r)^t}$$

$$2. \quad PV = \frac{\$1,000}{(1+.04)^5}$$

$$3. \quad PV = \$821.93$$

괴물처럼 보이는 이 수식을 뒤에서 하나씩 뜯어보자.

PVpresent value(현재가치)는 지금 우리가 구하려는 답이다. CFtCash Flow in t(미래 특정 시점 t에서의 현금흐름)는 미래에 받을 돈, 1,000달러를 말한다. 1+r은 위험 요소를 반영한 할인율을 더한 것으로 여기서는 1+4퍼센트다. t는 미래 시점을 말한다. 이것만 알면 다 끝났다! 이제 5년 뒤에 받는 1,000달러의 현재가치를 알 수 있다.

조경 사업을 위해 이 잔디깎기 기계(2,000달러)를 사야 할까?

(할인율 10%로 책정)

연도	연간 현금흐름	현금흐름의 현재 가치
1	1,000	$1,000 / (1+10\%)^1 = 909.09$
2	1,000	$1,000 / (1+10\%)^2 = 826.45$
3	1,000	$1,000 / (1+10\%)^3 = 751.31$
4	1,000	$1,000 / (1+10\%)^4 = 683.01$
5	1,000	$1,000 / (1+10\%)^5 = 620.92$

산다!

$ 3,790.78

(2,000)

$ 1,790.78

이 계산 능력을 갖추고 앞으로 일어날 현금흐름을 살펴보면, 잔디깎기 기계 구입에 2,000달러를 투자할 가치가 정말 있는지 알 수 있다.

자산의 가치는 자산의 유용성에서 비롯된다.

▶ 자본사슬: 자본→ 자산 구입→ 상품 생산→ 자본의 실현→ 순이익 달성

▶ 모든 제품과 서비스는 시간의 영향을 받는다. 그러므로 현금의 유용성은 미래 현금 흐름에 달려 있다.

▶ PV(현재가치) = $\dfrac{CFt\ (\text{미래 시점의 현금흐름})}{(1+r)^t\ (\text{할인율. t는 미래 시점})}$

CHAPTER SIX

모두가 아닌
'한 사람'에게 팔아라

▶▶ 시장 분석과
마케팅 전략 수립하기 ◀◀

마케팅은 제품과 서비스의 판매를 촉진하는 일이다. 여기서 알아야 할 첫 번째 원칙은 모든 사람에게 제품과 서비스를 팔려고 해서는 안 된다는 것이다. 주어진 시장을 세분화하고 market segment, 이들 중 세분화한 하나의 시장을 목표로 삼아 target segment 제품을 배치해야 positioning 한다.

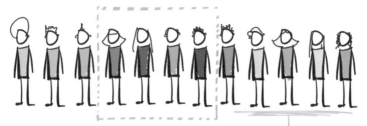

마케팅은 시장 세분화를 통해
수익을 올린다.

우리가 판매하고 싶지 않은
사람은 누구일까?

이 질문에 답할 수 있다면
이미 골문 앞에 다다른 셈이다.

월마트는 모든 소비자가
타깃일까?

NO.

저렴한 가격을 찾는
소비자에 초점을 맞춘다.

우리의 고객은 누구일까?
그리고 고객이 아닌 사람은?

이 부분이 마케팅에서 가장 어려운 단계다. 당신의 물건을 세상 모든 사람에게 팔고 싶겠지만 그런 식의 접근은 결국 아무에게도 팔지 못하는 결과를 가져온다. 그보다는 목표 시장이 누구인지 정확히 파악하고, 그곳에서 포지셔닝을 시작해야 한다.

시장 세분화^{segmentation}와 목표 시장 설정^{targeting}은 어떻게 실행할 수 있을까? 당신이 아무리 전 세계 모든 사람을 고객으로 만들고 싶다 하더라도 그런 일은 결코 일어나지 않는다. 그보다는 잠재적 시장에 주목하고, 그 안에서 실제로 진출 가능한 시장을 찾은 뒤, 가장 가치 있는 타깃이 나올 때까지 범위를 계속 좁혀 나가야 한다.

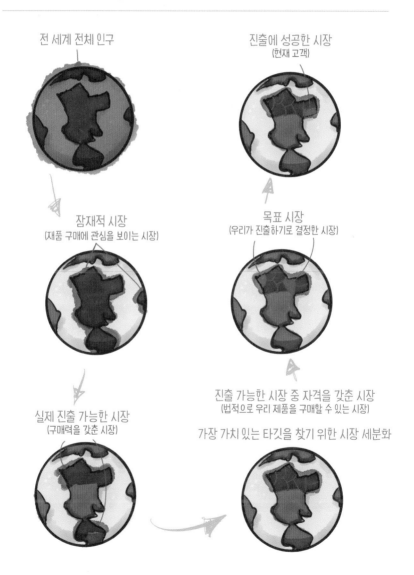

전 세계 전체 인구

잠재적 시장
(제품 구매에 관심을 보이는 시장)

실제 진출 가능한 시장
(구매력을 갖춘 시장)

진출에 성공한 시장
(현재 고객)

목표 시장
(우리가 진출하기로 결정한 시장)

진출 가능한 시장 중 자격을 갖춘 시장
(법적으로 우리 제품을 구매할 수 있는 시장)

가장 가치 있는 타깃을 찾기 위한 시장 세분화

래더링laddering 기법은 제품을 기획하고, 그 제품이 목표 시장과 어떻게 연결되는지 파악하며, 이를 활용해 마케팅 재료들을 만들어 내는 훌륭한 방식이다.

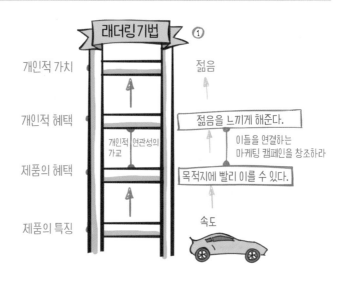

무엇을 좋아하는지(제품의 특징), 왜 좋아하는지(제품의 혜택), 그것이 왜 중요한지(개인적 혜택), 그리고 그런 특징이 어떻게 높은 수준의 개인적 가치와 연결되는지를 질문하라. 제품과 개인적 혜택의 연결 고리가 바로 마법과 같은 일이 일어나는 지점이다.

이제 새로운 고객을 확보하기 위해 유동적 그룹을 목표로 삼아 제품을 좋아하는 그룹의 관점을 바탕으로 마케팅 재료들을 배치할 수 있다.

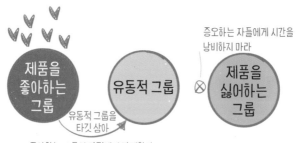

레모네이드 비즈니스를 예로 들어 보자. 제품을 좋아하는 그룹을 상대로 인터뷰를 진행하면, 아래와 같은 흐름의 가치단계도^{Hierarchical Value Map}를 얻을 수 있다. 이때 소비자들의 응답에서 일정 패턴을 발견하면 이 부분을 굵은 라인으로 표시하고, 개인적인 혜택이 발생하는 부분에 집중할 수 있다.

"우리 레모네이드의 어떤 점이 좋은가요?"

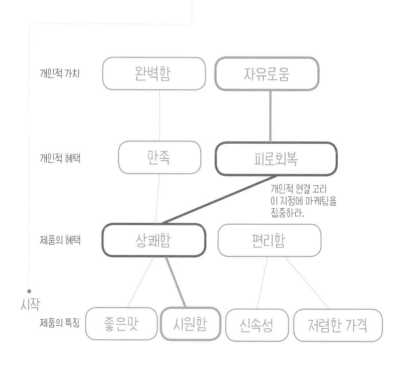

| 개인적 가치 | 완벽함 | 자유로움 |
| 개인적 혜택 | 만족 | 피로회복 |

개인적 연결 고리
이 지점에 마케팅을
집중하라.

| 제품의 혜택 | 상쾌함 | 편리함 |

시작

| 제품의 특징 | 좋은맛 | 시원함 | 신속성 | 저렴한 가격 |

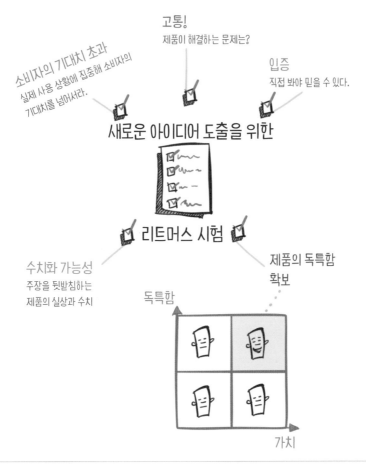

소비자의 기대치 초과
실제 사용 상황에 집중해 소비자의 기대치를 넘어서라.

고통!
제품이 해결하는 문제는?

입증
직접 봐야 믿을 수 있다.

새로운 아이디어 도출을 위한

리트머스 시험

수치화 가능성
주장을 뒷받침하는 제품의 실상과 수치

제품의 독특함 확보

독특함

가치

새로운 아이디어를 도출하고 이를 마케팅할 때는 위에서 설명한 리트머스 시험을 분명히 통과할 수 있어야 한다. 이런 시험의 범위가 넓으면 넓을수록, 관점은 더욱 예리해진다. 또한 당신의 아이디어가 좋은지 확인할 수 있는 가장 좋은 방법은 사람들이 얼마에 그 제품을 살 생각이 있는지 물어보는 것이다.

"이 제품을 구입할 가능성을 1점에서 10점까지로 점수를 매기면?"

7.5점 이상이면 아주 훌륭한 아이디어다. 축하!

BRAND

고객 접점touchpoint을 통해
형성되는 모든 인상의 집합체

웹사이트   광고   이메일   고객
                              서비스

고객과 만나는 접점 관리를 통해
브랜드를 관리하라.

브랜드는 로고나 그래픽, 또는 슬로건이 '절대' 아니다. 이들은 브랜드의 친밀감을 높여 주는 부속물이며 브랜드는 그보다 훨씬 더 깊은 의미를 지닌다. 브랜드는 고객에게 남겨진 인상은 무엇인지, 고객과 만나는 접점은 어디인지 알려 주는 매우 중요한 척도다.

3 브랜드 구축의 가지 필수 요소

① 소비자와 교감
② 경쟁자와 차별화
③ 직원들의 동기부여

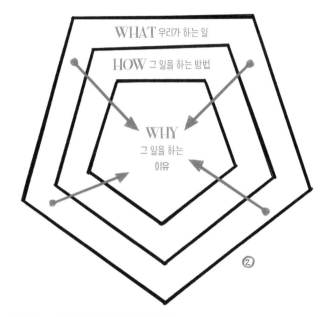

무엇을: 어린이들에게 행복을 선사한다.

어떻게: 장난감을 만들어서

 어린이는 우리의 미래이며, 모든 어린이는 점점 암울해지는 세상에서도 웃음을 잃지 않을 자격이 있기 때문이다.

소비자가 당신이 무엇을 하는지, 또는 그 일을 어떻게 하는지 관심이 있을 거라고 생각하는가? 실제로는 그렇지 않다. 소비자들은 우리가 이 일을 '왜 하는지'에만 관심을 둔다. 그 이유가 우리의 핵심 정체성을 정확히 드러내주기 때문이다. 그 이유가 우리만의 고유한 핵심 정체성, 곧 브랜드 만트라brand mantra(모토)가 되고, 우리가 고려하는 모든 의사결정의 기준이 된다. 의사결정을 내리기 전 이런 질문을 하라. "이 결정이 우리의 핵심 정체성에 부합하는가?" 만약 그렇지 않다면, 그런 결정을 내려선 안 된다.

BRAND MANTRA

우리만의 고유한 핵심 정체성

SUMMARY

마케팅은 시장 세분화를 통해 수익을 올린다.

▶ 마케팅 STP 전략: 시장 세분화, 목표 시장 선정, 포지셔닝

▶ 래더링 기법: 소비자가 제품의 특성을 어떻게 자신의 개인적 가치에 연결시키는지 설명하는 이론. 가장 아래 단계인 제품의 특성에서 윗 단계인 제품의 혜택, 가치로 이어진다.

▶ 브랜드 구축의 3가지: ①소비자와의 교감 ②경쟁자와의 차별화 ③직원들의 동기부여. 고객과 만나는 접점 관리를 통해 브랜드를 관리해야 한다.

CHAPTER SEVEN

[효율성
100퍼센트를 향해]

▶▶ 최고의 성과를 내는 ◀◀
운영 관리 노하우

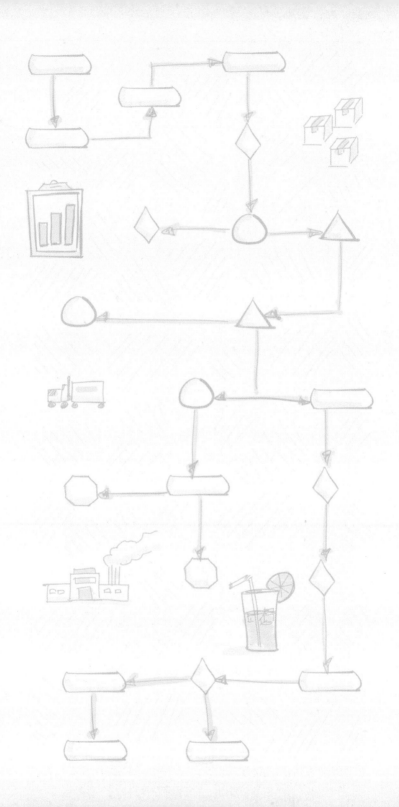

운영 관리Operations Management는 세 부분으로 나뉜다. 당신이 만들어 낸 제품과 서비스를 소비자에게 전달하기 위한 일련의 활동들을 계획하고Designing, 관리하며Managing, 개선하는 Improving 것이다.

계획 관리 개선 ①

새로운 역할이나 임무를 시작할 때면 당황하지 말고 침착하게 운영 과정에 관한 맵을 만들어라. 그리고는 복잡한 부분을 파악한 뒤 이를 단순화하라.

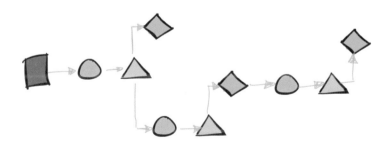

과정 분석
PROCESS ANALYSIS

① 현재 운영 과정에 대한 이해

② 성과에 대한 이해

③ 소비자가 요구하는 성과에 대한 이해

성과란?

생산 용량
단위 시간당 최대 산출량
(예; 시간당 피자 100판)

생산 효율성
활용도를 의미함. 보통 하루 8시간씩 일하는 100명의
근로자가 있는데, 어느 날 총 근로시간이 단
700시간에 그친다면, 효율성은 87.5%이다.

700시간/(100명×8시간) = 87.5%

KEY TERMS

리드 타임 lead time : 제품 생산 요청 시점에서 소비자에게 전달하는 시점까지 걸리는 시간

생산량 throughput : 기업이 특정 시간 내에 만들어 낼 수 있는 제품의 양

소요 시간 cycle time : 한 과정의 시작에서 완료까지 필요한 총 시간

생산 용량 capacity : 단위 시간당 생산 수량으로 측정한 한 과정의 최대 산출량

생산 효율성 efficiency : 비즈니스의 성과 기준. 모든 과정은 자원을 최상의 방식으로 활용한다.

병목 지점 bottleneck : 서로 연계된 과정들 중에서 속도가 느려 전체 생산 용량을 줄어들게 만드는 지점

원재료

그러면 앞서 설명한 레모네이드 가판대는 효율적으로 운영되고 있을까? 가판대의 운영 과정을 살펴보며 어떻게 운영되고 있는지 알아 보자.

생산 단위 = 🥤 1잔

생산량 = 2분 50초당 1잔

병목 지점 =  레몬(소요 시간 2분)

생산 용량 = 12분 10초에 5잔

전체 과정

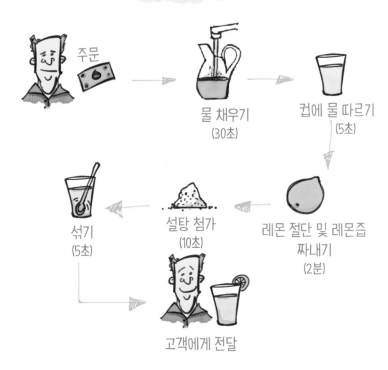

항아리에 물을 가득 채우면 레모네이드 5컵을 만들 수 있다. 수요에 따라 다르겠지만, 계속해서 한 번에 5컵씩 만들어 수요를 충족시킬 수 있다. 과정 소요 시간을 줄이거나 병목 지점을 없애지 않는 한, 5컵을 만드는 일괄 생산 한 번에 12분 10초가 소요된다. 더 많은 사람을 고용하지 않는다면, 이것이 최대 생산 용량이다.

여기서 한 시간당 보통 5번의 일괄 생산을 실행한다고 가정하면(시간당 25컵 생산), 생산 용량의 활용도를 계산할 수 있다. 만일 특정 시간에 17컵만 생산한다면, 이때의 생산 용량 활용도는 17/25=68퍼센트가 된다.

간단한 사례이지만, 이 원칙은 모든 곳에 적용될 수 있다. 침착하게 운영 과정을 분석하며 개선할 방법을 찾고, 그런 뒤에 이를 실행에 옮겨라.

SUMMARY

운영 관리는 계획, 관리, 개선으로 나뉜다.

▶ 특정 시간 내에 만들어 낼 수 있는 제품의 양을 생산량이라 하며 모든 기업은 생산 효율성을 높이기 위해 자원을 최상의 방식으로 활용하고, 병목 지점을 파악해 개선해야 한다.

▶ 생산 용량 활용도: 실제 생산량/ 시간당 생산량

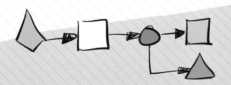

[모든 문제와 답은 사람에게 있다]

전략적 인사 관리와 성과 관리

대부분의 기업 문제는 사람 혹은 조직과 관련되어 나타난다. 인사 관리 단계에서 개선이 이루어지면 기업의 전반적인 문제를 개선할 수 있다. 인력 관리는 변동성을 없애고 예측 가능성을 높이기 위해 체계화될 수 있다.

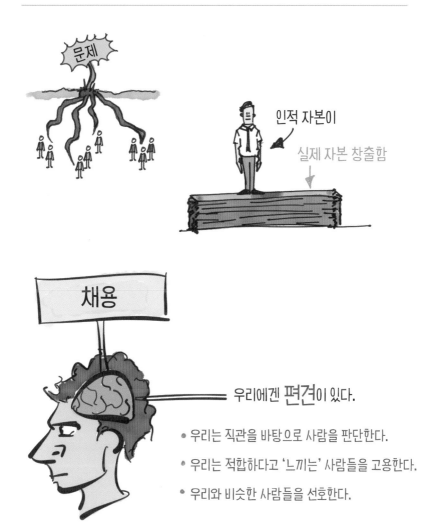

문제

인적 자본이

실제 자본 창출함

채용

우리에겐 **편견**이 있다.

- 우리는 직관을 바탕으로 사람을 판단한다.
- 우리는 적합하다고 '느끼는' 사람들을 고용한다.
- 우리와 비슷한 사람들을 선호한다.

채용 과정에서 **체계적인 시스템**이 필요한 이유가 바로 여기에 있다.

체계적 채용 시스템

1. 채용 목적을 확인하라.

2. 직무에 대한 정의를 내려라.

3. 수행할 업무를 분명히 밝혀라.

4. 업무의 우선순위를 결정하라.

5. 필요한 역량을 규정하라. (예: 운영 과정 관리)

6. 업무와 관련된 질문을 하고, 그에 대한 응답에 점수를 매겨라.

(예: "새로운 운영 과정을 만들어 냈을 때의 상황을 얘기해보세요.")

우선순위에 따른 가중치 적용		존	샐리	마이크
	운영 과정	5	3	1
	리더십	2	5	1
	문제 해결	2	5	2

평균값

7. 채용 및 신입사원 교육

8. 직원 평가

너무나 많은 지적 업무가
개인의 재량에 따라 이뤄진다.

업무를 완수하려면
사람들이
하고 싶어 해야 한다.

그렇다면 직원들에게 어떻게 동기를 부여할 수 있을까? 현재 직원들의 동기부여 상태를 측정하는 잠재적 동기 지수 MPS(Motivating Potential Score)를 어떻게 활용할지 살펴보자.

MPS.①

잠재적 동기 지수
1~7점(최대 343)

개선 사항 발견

MPS = ((기술 다양성 + 과업 정체성 + 과업 중요성)/3) × 자율성 × 피드백

환영!      굿바이~

이직

발생 비용: 이직자 연봉의 93~200%

──○ 연간 이직률 ○──

$$\frac{퇴사\ 건수}{특정\ 기간의\ 평균\ 직원\ 수} \times \frac{12}{특정\ 기간\ 내\ 개월\ 수}$$

허즈버그 Frederik Herzberg 의
동기부여-위생 이론 ②

동
기
(만족)
요
인

MOTIVATION

성취감을 얻을 수 있는 기회

능력에 대한 인정

능력에 적합하고 보상이 따르는 업무

책임감

승진

위
생
(불만)
요
인

HYGIENE

형편없고 업무에 방해가 되는 정책

참견하는 관리감독

실직의 두려움

의미 없는 업무

높은 잠재력을 지닌 사람들을 찾아
그들의 발전을 촉진하라.

PERFORMANCE
MANAGEMENT 성과 관리

성과 기대치 설정

결과 측정

피드백 제공

보상 또는 징계

성과 =

역량 × 동기부여 × 기회

- 교육(훈련)　　- 인센티브　　- 지원
　　　　　　　　　　　　　　　- 역할 정의
　　　　　　　　　　　　　　　- 책무 추가

팀의 성공을 위한 수단

능력

조화로움　동기부여

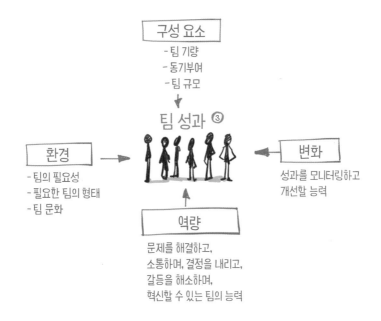

구성 요소
- 팀 기량
- 동기부여
- 팀 규모

팀 성과 ③

환경
- 팀의 필요성
- 필요한 팀의 형태
- 팀 문화

변화
성과를 모니터링하고
개선할 능력

역량
문제를 해결하고,
소통하며, 결정을 내리고,
갈등을 해소하며,
혁신할 수 있는 팀의 능력

우리의 감정적 측면이 코끼리라면 이성적 측면은 코끼리에 올라탄 사람(기수)이다. 코끼리는 사람보다 월등히 힘이 세기에 코끼리와 기수가 의견이 맞지 않으면 언제나 코끼리가 이기게 된다. 그러므로 팀에 동기부여를 일으키고 변화를 이루어 내려면 코끼리가 올바르게 움직일 수 있는 환경을 먼저 조성해야 한다.

이성

감정

SUMMARY

기업의 문제 대부분은 인사와 관련된 문제에서 비롯된다.

▶ 체계적 채용 시스템: ①채용 목적 확인 ②직무 정의 ③수행할 업무 정의 ④업무의 우선순위 결정 ⑤역량 규정 ⑥행동과 대응에 대한 평가 ⑦채용 ⑧직원 평가

▶ 잠재적 동기 지수(MPS): [(기술 다양성 + 과업 정체성 + 과업 중요성)/3] × 자율성 × 피드백

▶ 허즈버그의 동기-위생 이론: 인간은 상호 독립적인 2가지 욕구를 지닌다. 직무 불만족 요인과 직무 만족 요인이 서로 다르기 때문에 위생 요인뿐만 아니라 동기 요인이 함께 충족되어야 직원의 발전을 촉진할 수 있다.

CHAPTER NINE

최악의 상황에서도
YES를 끌어내는 법

▶▶ 비즈니스 협상과 설득 ◀◀

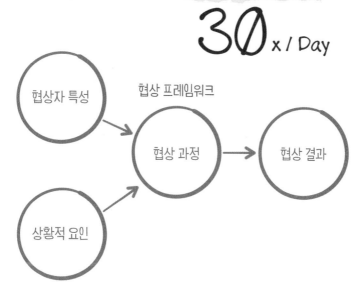

우리가 하루에 협상하는 횟수

30 x / Day

협상 프레임워크는 단순하지만 매우 강력하다. 이 프레임워크를 적용하면 원하는 바를 훨씬 더 자주 이룰 수 있다.

관계 지향적 성향

부엉이는 훌륭한 협상가다.

- 주위의 소리에 귀를 기울이고,
- 관찰하며
- 늘 'who who'거리면서 협상 상대방에 관해 질문한다.

팀의 지원을 기꺼이 활용한다.

사교 능력이 뛰어나다.

칭찬은 많은 돈이 들지 않지만 매우 효과적이다.

개인이 가진 영향력의 근원 ①

① 합법적 영향력
 - 판사나 경찰 등

② 보상적/강압적 영향력
 - 보상 혹은 처벌

③ 전문성에 따른 영향력
 - 기술 혹은 지식

④ 준거적 영향력referent power
 - "X라는 사람이 나를 보냈다."
 - 외교에 능한 자

⑤ 인적 영향력
 - 매력/카리스마

상대방이 자신을 어떻게 생각하기를 원하는가?

✓ 공정하고 정직하다.

✓ 지식이 많고 사전 준비가 잘 돼 있다.

✓ 까다롭지 않은 사람이다.

협상의 대 핵심 요소

- 차분한 성품
- 절제력
- 탁월한 경청 능력

경청　　　말하기

설득에 필요한 3요소

1. 힘(영향력)
   - 철저한 준비
   - 전문성
   - 인성

2. 신뢰성
   - "솔직히 잘 모릅니다."
   - '올바른' 결과

3. 매력 발산
   - 정확한 메시지 전달
   - 전달자 역할(경청하고 신뢰를 구축하며 주목을 끌어낸다)

한 사람만으로
사랑에 빠질 수는 없다.

사랑은 두 사람이 하는 것

협상력은 자신의
BATNA(Best Alternative To Negotiated Agreement),
즉 "협상 결과에 대비한 최상의 대안"에
달려 있다.

- 목표(구매자와 판매자)
- 관심 사항
- 환경(시간 및 장소)

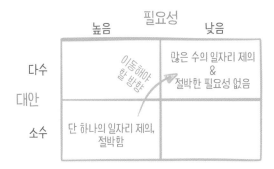

필요 - 대안 매트릭스(협상력)

협상 당사자들 중에서 대안이 더 많고 필요성은 낮은 쪽의 협상력이 더 강하다. 어떻게 하면 협상에서 보다 큰 힘을 발휘하는 위치에 설 수 있을까? 상대방의 협상력이 더 강한 상황에 어떻게 적응할 수 있을까?

협상 이전에 실행하는 역할극

    매우 중요!!

협상의 흐름과 결과를 바꿔 놓을 만큼
중요한 역할을 한다.
협상 당사자 양측의 역할극을 하며
상대방보다 더 많은 사항을 파악하라.

유용한 팁: 협상을 시작하기 전에 발언할 내용을 미리 준비하라.

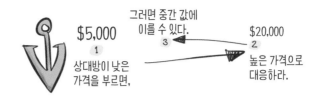

$5,000
①
상대방이 낮은
가격을 부르면,

그러면 중간 값에
이를 수 있다.
③

$20,000
②
높은 가격으로
대응하라.

"금전적인 부분을 빨리 언급할수록, 더 적은 금액만 받는 결과로 이어진다."

원칙에 입각한 협상 ②

1 사람과 문제를 분리하라.

2 상대방의 입장이 아니라
관심 사항에 집중하라.

3 당사자 모두에게 이익이
돌아가는 옵션을 찾아라.

4 공정한 기준과 절차를 활용하라.

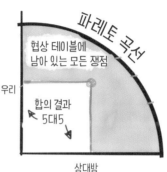

협상 당사자 모두의 이익을 위해
곡선을 확장할 수 있는 정보를 수집하라.

인지적 기준점 설정 Cognitive Anchoring

설명을 "먼저" 한 뒤에 결론을 제시하라.

"이 펜은 우주선에서도 쓸 수 있습니다." 　 "가격은 단 8,000달러에 불과합니다."

최고의 협상가는 순서에 따라

협상을 진행하지 않는다.

그들은

자신의 요점과 주장을

상황에 따라

교묘히 조정한다.

① 무엇이 목표인가?

다른 무엇보다 목표가 가장 중요하다. 부부싸움을 했을 때 당신이 옳다는 것을 끝까지 주장하고 싶은가? 아니면 행복한 결혼 생활을 원하는가? 둘 다 이룰 수 없는 경우도 있다.

② 협상 상대는 누구인가?

상대방을 더 많이 알고 이해할수록, 성공적인 협상 결과를 얻을 가능성은 더 커진다. '그들이 그리고 있는 그림'은 무엇인가? 그들을 밤새 고민하게 만드는 문제는 무엇인가? 그들이 희망하는 것과 꿈꾸는 것은 무엇인지 파악하자.

③ 우리의 점진적인 계획은 무엇인가? [3]

모든 것을 한꺼번에 얻으려 하는 방법이 아닌 점진적인 계획으로 협상을 승리로 이끌어라.

SUMMARY

협상력은 협상 결과에 대비한 최상의 대안에 달려 있다.

▶ 필요-대안 매트릭스: 대안이 더 많고 필요성은 낮은 쪽의 협상력이 더 강하다. 1사분면의 위치에서 우위를 점할 수 있도록 해야 한다.

▶ 설득에 필요한 3요소 : ①영향력 ②신뢰성 ③매력적인 메시지

▶ 협상의 4원칙: ①사람과 문제의 분리 ②상대의 관심 사항에 집중 ③모두에게 윈윈인 옵션 탐색 ④공정한 기준과 절차 활용

CHAPTER TEN

[경쟁이 아닌 차별화가 관건!]

▶▶ '나음'을 이기는
'다름'의 철학 ◀◀

5 전략을 형성하는 가지 경쟁 세력 ①

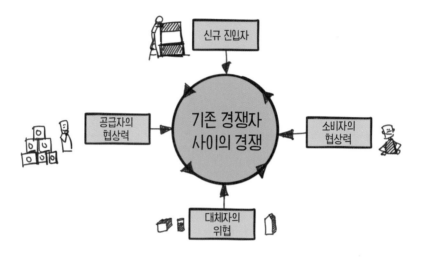

이와 같은 5가지 경쟁 세력은 한 기업의 장기적 수익성에 영향을 미칠 수 있다. 이들의 위협이 클수록, 수익은 낮아진다. 이들에 대항할 방어력을 갖추거나 이런 요인이 약한 산업을 찾아야 한다.

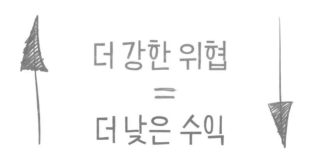

더 강한 위협
=
더 낮은 수익

차별화된 전략을
구사하라.

세분화된 시장 한 곳을 목표로 삼고, 차별화의 기준을 찾아내라. 그러면 경쟁자의 광고는 더 이상 효과가 없을 것이다. 경이로운 전략으로 자연스럽게 소비자가 당신을 더 좋아할 수 있게 하라.

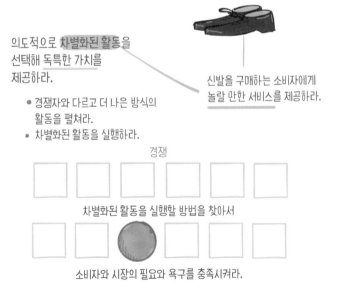

그 어떤 제품이나 기업도

차별화할 수 있다.

이런 1차 상품들도 가능하다.

물

감자

창의성만 있으면 차별화할 수 있다. 주위에 있는 어떤 물건을 판매하려 한다고 가정하고 어떻게 차별화할 수 있는지 한번 생각해 보자. 누군가가 1차 상품과 같은 기본 물품까지 차별화한다면, 우리도 할 수 있다.

차별화 기준

"차별화에 뛰어난 사람들은 소비자가 무엇을 원하는지 알고 있다."

소비자의 필요를 충족시켜라.

- 이미지
- 갈망
- 편안함
- 청결함

- 아름다움
- 상태
- 스타일
- 취향

- 안전성
- 품질
- 서비스
- 정확성

- 명분 조성
- 신뢰성
- 그리움
- 친밀감

VS. VS.

코카콜라 vs. 펩시콜라 vs. 샤스타 콜라

대부분의 사람들은 이들의 맛의 차이를 구별하지 못한다.

 사람들이 그 차이를 알 수 없다면,
기업은 자신의 제품을 어떻게 차별화할까?

새로운 콜라는 기존 콜라와
어떻게 경쟁할 수 있을까?

힌트: 맛은 아니다

타깃 소비자에게
매력을 발산하라.

경쟁의 기준은 제품 자체가 아니다.

산업 구조가 중요하다. ⟶ **완전 경쟁 산업**
(5가지 경쟁 세력이 극대화된 상태)
그런 산업은 피하라!

 경쟁을 하려면, 사람들이
제품을 구매하는 이유를
알아야 한다.

 할리 데이비슨

더 좋은
오토바이(X)
더 멋진
라이프 스타일(O)

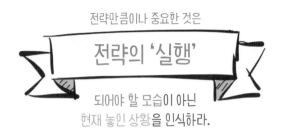

전략만큼이나 중요한 것은

전략의 '실행'

되어야 할 모습이 아닌
현재 놓인 상황을 인식하라.

미국 남북전쟁 당시 게티즈버그 전투에 참전한 남부 연합군은 북부군보다 뛰어난 전략을 갖고 있었지만 새로운 환경에 적응하는 데 실패했다. 그 결과는? 다들 알고 있는 그대로다.

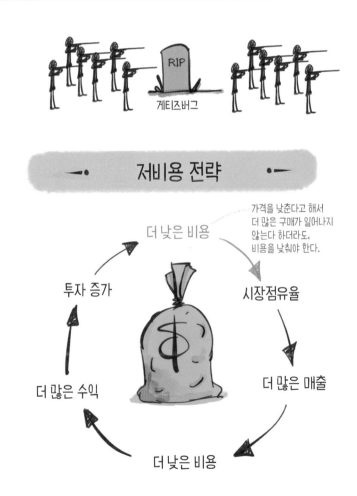

게티즈버그

저비용 전략

더 낮은 비용

가격을 낮춘다고 해서
더 많은 구매가 일어나지
않는다 하더라도,
비용을 낮춰야 한다.

투자 증가

시장점유율

더 많은 수익

더 많은 매출

더 낮은 비용

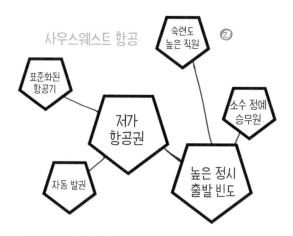

사우스웨스트 항공 ②

숙련도 높은 직원

표준화된 항공기

저가 항공권

소수 정예 승무원

자동 발권

높은 정시 출발 빈도

기업은 핵심 차별화 가치를 지원하는 다양한 관련 활동을 실행할 때 전략적 우위를 만들어 낸다. 사우스웨스트 항공은 자동 발권 시스템을 도입해 항공권의 가격을 낮추고, 표준화된 비행기와 고도로 숙련된 소수 정예의 승무원을 활용해 높은 정시 출발 빈도를 유지하며 다른 항공사와의 경쟁에서 이길 수 있었다.

자신의 기업을 디즈니와 비슷하게 만들려면 어떻게 해야 할까? 이를 실현시키는 것이 바로 전략의 역할!

제품과 마케팅 메시지, 포지셔닝, 소비자 서비스 등

=

마법과 같은 디즈니 경험

소비자가 당신 회사의 제품이나 서비스에서 멋진 경험을 하고, 당신의 회사에 호감을 갖게 되면 소비자들은 더 이상 경쟁에 휘둘리지 않게 됩니다. 더 나아가 경쟁 자체가 무의미해지게 되지요.

경쟁자 분석

일종의 게임과 같다

참가자: 우리와 우리의 경쟁자

행동: 신규 시장 진입

제품: 트램펄린

생산 비용: 1대당 $75

대당 $2500에
20만대 판매 가능

미개척
신규 시장

$35,000,000
- $12,000,000
―――――――
$23,000,000

고정 비용
$120만

공장 설비

진출해야 할까?

진출 중단

불확실한
트램펄린 시장

잠재적 경쟁자는
누구인가?

게임의 판도는 바뀔 수 있다.

경쟁자의 고정 비용은?

경쟁자의 생산 비용은?

그들이 진출한다면 판매 가격이 더욱 낮아질까?

데이터 수집
가정 설정

경쟁자는 게임의 판도를 바꿀 수 있다. 당신의 예측에 아무런 문제가 없다고 생각할 수도 있지만, 다른 누군가가 시장에 뛰어든다면 어떻게 될까? 경쟁자의 등장이 판매 가격과 이익에 어떤 영향을 얼마나 미칠까? 모든 것을 투입하기 전에 다양한 시나리오를 충분히 고려해야 한다.

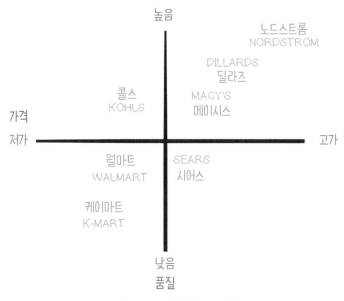

높음

노드스트롬
NORDSTROM

DILLARDS
딜라즈

콜스   MACY'S
KOHLS   메이시스

가격
저가 ——————————————+—————————————— 고가

얼마트   SEARS
WALMART   시어스

케이마트
K-MART

낮음
품질

소비자 또는 경쟁자의 관점

VRIO 프레임워크 ③

당신의 제품, 서비스, 기업은 아래의 역량을 가졌는가?

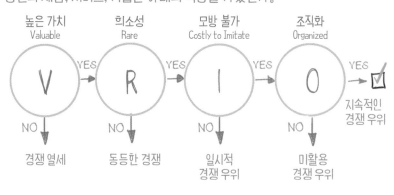

높은 가치 Valuable	희소성 Rare	모방 불가 Costly to Imitate	조직화 Organized	
V	R	I	O	YES ☑ 지속적인 경쟁 우위
NO 경쟁 열세	NO 동등한 경쟁	NO 일시적 경쟁 우위	NO 미활용 경쟁 우위	

자신의 아이디어를 VRIO 프레임워크에 대입해 보면, 지속적인 경쟁 우위를 확보할 기회를 가졌는지 확인할 수 있다.

RED OCEAN

치열한 경쟁 시장

- 기존 시장 공간 내에서 경쟁을 펼쳐야 한다.
- 경쟁을 물리쳐야 한다.
- 기존 수요를 활용해야 한다.

BLUE OCEAN

④

열린, 경쟁 없는 시장

- 경쟁이 없는 시장 공간을 만들어 낸다.
- 경쟁과 상관이 없다.
- 신규 수요를 창출하고 점유할 수 있다.

최고급 자동차
- 비싸다
- 협소한 시장
- 높은 생산 비용

vs.

모델 T
- 저렴한 가격
- 광대한 시장
- 낮은 생산 비용

경쟁에 관한 2가지 전략이 있다. 즉, 레드오션과 블루오션이다. 레드오션은 경쟁으로 가득한 시장이다. 포드 자동차의 모델 T가 등장하기 전에는 자동차 시장의 환경이 고가 일색이었다. 헨리 포드 Henry Ford는 저가 모델을 대안으로 삼아 경쟁이 전혀 없는 시장을 창조하기로 결정했고, 결국 승리했다.

제휴 ALLIANCES

사업을 확장해야 할 때 필요하다.

상호보완적인 가치와 자원을 생산할 때에만 가능하다.

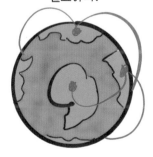

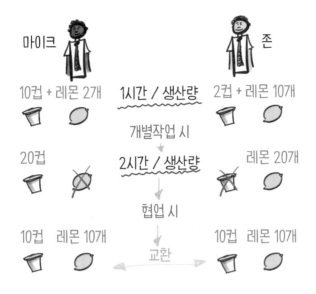

마이크   존

10컵 + 레몬 2개   1시간 / 생산량   2컵 + 레몬 10개

개별작업 시

20컵   2시간 / 생산량   레몬 20개

협업 시

10컵   레몬 10개   10컵   레몬 10개

교환

제휴는 사업을 확장하는 데 매우 중요하지만, 혼자만의 힘으로 달성할 수 없었던 가치를 추가할 때에만 의미가 있다. 위 그림에서 보듯이 마이크가 1시간에 레몬 2개로 10컵의 레모네이드를 만들 수 있고 존은 그 반대의 경우라면, 두 사람은 제휴를 맺어 더 많은 레모네이드를 더 빨리 만들어 낼 수 있다. 이때 제휴로 어떤 특정한 가치를 더할 수 있는지 분명히 해야 하며, 어떤 경우에라도 반드시 법적 구속력이 있는 계약을 체결해야 한다.

비즈니스 파트너십은 물론이고
제휴를 맺을 때에는 계약이 필요하다.

제휴로 어떤 가치를 더할 수 있는지
분명히 규정할 수 있는가?

SUMMARY

경쟁하지 말고 차별화하라.

▶ 전략을 형성하는 5가지 경쟁 세력: 신규 진입자, 소비자, 대체자, 공급자, 기존 경쟁자

▶ 차별화의 핵심: 소비자의 필요를 충족시키는 창의성(ex. 사우스웨스트 항공, 디즈니)

▶ VRIO 프레임워크: Valuable(높은 가치), Rarity(희소성), Inimitability(모방 가능성), Organization(조직화). 이 분석을 통해 지속적인 경쟁 우위를 확보했는지 분석할 수 있다.

▶ 레드오션과 블루오션: 기존 시장/새로운 시장, 치열한 경쟁/무경쟁, 기존 수요 활용/신규 수요 창출

[잘못된 선택으로
위험에 빠지지 않으려면]

▶▶ 기업 윤리에 대한 이해 ◀◀

기업 윤리Business Ethics는 교도소에 가지 않게 하는 것 이상의 의미를 지니고 있다. 윤리적인 삶은 자신이 자랑스러워할 수 있는 유산을 남기게 해주며 인생을 보다 풍족하게 만든다.

공개 가능성 테스트

어떤 결정을 내려야 할지 말아야 할지 확신이 서지 않으면, 자신에게 "이런 결정의 결과로 내가 8시 뉴스에 나와도 괜찮을까?"라고 질문해보라. 만약 질문에 대한 답이 'NO'라면 그런 결정을 내리지 마라.

EMOTION

감정은 단기적 사고를 유발한다.

어떤 사람이 되고 싶은지 기억하라.

윤리적 의사결정의 핵심은 단기적 사고에서 벗어나 장기적 사고를 하는 것이다. 대부분의 윤리적 문제는 단기적 사고를 하게 만드는 '감정'에서 비롯된다. 우리가 해야 할 일은 잠시 멈춰서서 자신이 되려고 하는 사람의 이미지를 떠올려 보는 것이다. 지금 내리는 의사결정이 그런 이미지를 더욱 강화하는지, 아니면 멀어지게 만드는지 생각해 봐야 한다.

DECISION PROCESS

감정이 고조되면 윤리 문제가 발생할 수 있으므로, 윤리적 의사결정을 내리기 위해 다음과 같은 단순한 과정을 활용해 보자.

1 - 잠시 멈추고 생각하라.

반응을 보이기 전에, 일단 멈춰서 생각하라.

2 - 실상을 파악하라.

그러고 나면 모든 사실과 정보를 수집할 수 있다. 지금 내리는 결정이 정말 중요한 것인지, 이 결정과 관련된 사람은 누구인지, 이 결정에 무엇이 달려 있는지 등 정확한 상황을 파악해 보자.

3 - 브레인스토밍하라.

훌륭한 의사결정은 최상의 대안들 속에서 나온다. 시간을 두고 브레인스토밍을 통해 가능한 한 많은 해결 방안들을 생각하라.

4 - 결정하라.

이제 자신이 내리려는 결정이 윤리적인지 아닌지 따져 봐야 한다. 자신의 판단이 윤리적으로 애매모호하지 않길 바란다면 적극적으로 다른 사람들의 의견을 구하라.

SUMMARY

윤리적 의사결정을 내리려면 장기적 사고가 필요하다.

▶ 감정은 단기적 사고를 유발한다. 결정을 내리기 전 자신이 되려고 하는 사람의 이미지를 떠올려라.

▶ 윤리적 의사결정의 과정: ①잠시 멈춰 생각한다. ②사실과 정보를 수집해 실상을 파악한다. ③브레인스토밍을 통해 대안을 도출한다. ④여러 사람의 의견을 취합해 결정을 내린다.

CHAPTER TWELVE

[초고속 성장하는
창업 기업의 비밀]

스타트업을 위한
최상의 실행 계획과 투자 전략

창업 기업 금융Entrepreneurial Finance은 자본 투자와 자금 조달을 하는 데 있어서 필요한 일련의 모든 과정을 의미하는 말이다. 창업 기업 금융의 목적은 다양한 전략적 활동을 통해 신속히 가치를 창조하는 데 있다.

창업 기업 금융의 프로세스

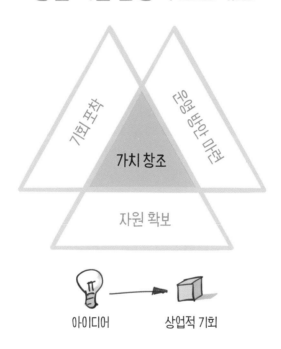

우리가 바라는 최종 단계는 무엇인가?

목표는 항상 이윤 창출과 그 단계에 가능한 빨리 도달하는 데 있다.

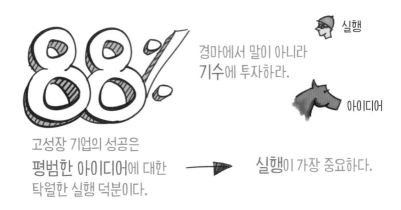

경마에서 말이 아니라 **기수**에 투자하라.

실행

아이디어

고성장 기업의 성공은 **평범한 아이디어**에 대한 탁월한 실행 덕분이다. → **실행**이 가장 중요하다.

세상에는 수없이 많은 기회들이 있으며, 이 기회를 탐색하는 게 당신이 해야 할 일이다. 다음에 소개하는 내용은 우리가 항상 눈여겨봐야 할 기회 요인들이다.

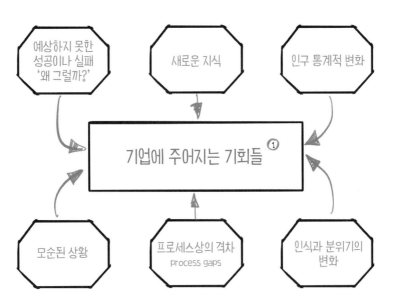

이런 요인들에서 비롯된 문제를 해결하는 산업을 만들어 내라.

아이디어를 곧바로 적용하기 전에, 그 아이디어의 실현 가능성을 먼저 확인해야 한다. 이를 위해서는 많은 시간이 필요하므로, 먼저 검증부터 하는 것이 좋다. 기업 내부와 외부의 요소들을 파악하고 이를 SWOT 분석에 따라 전략적으로 배치하라.

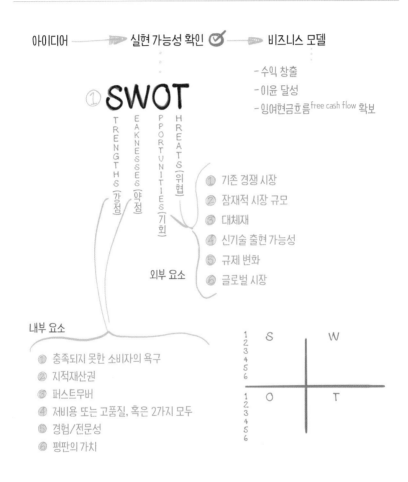

새로운 기업의 투자를 검토할 때에는 적절한 검증 절차를 거치는 것이 좋다. 이를 위한 2가지 방법으로 양적 검증quantitative screening과 질적 검증qualitative screening이 있다. 여기서 나온 점수가 높을수록 투자자에게 더 많은 관심을 받을 수 있다.

양적 검증

	잠재적 매력		
	높음 3	중간 2	낮음 1
시장 규모			
수익성			
이익 달성 속도			
팀 역량			
생존 능력			

(각 항목별 점수를 더해 5로 나누면 최종 점수는 3~1 사이일 것이다. 최종 점수가 3에 가까울수록 더 좋다.)

새로운 기업에 대한 양적, 질적 검증은 현명한 의사결정을 내리는 데 필요한 데이터를 제공한다. 먼저 양적 검증을 실행하고 최종 점수가 3에 얼마나 가까운지 확인하라. 그리고 나서 경영진을 대상으로 인터뷰를 실시해 그들의 비전과 지식, 미래에 대한 계획을 구체적으로 파악하라.

질적 검증
경영진을 상대로 한 인터뷰

설립자	마케팅 담당	생산 담당	재무 담당
	소비자에 관한 지식	생산	재무적 예측
전반적인 구상			

고성장을 위한 최상의 실행 계획

마케팅 실행 계획

- 최상의 제품 또는 서비스 개발
- 고품질 제품 또는 서비스
- 보다 높은 가격을 받을 수 있는 제품
- 효율적인 유통과 탁월한 지원

재무적 실행 계획

- 상세한 월간 재무 계획 및
  향후 5년간의 연간 재무 계획 준비
- 기업 자산, 재무적 자원, 운영 성과에 대한
  효율적인 관리

경영 실행 계획

- 각 관리 기능 분야와 산업에 관한 지식을
  균형 있게 갖춘 관리팀 조직
- 공동 의사결정

당신을 위한 것

비즈니스 계획

모든 분야를 생각할 수 있게 만드는 지침서

VENTURE LIFE CYCLE
기업의 라이프사이클

개발　　　　　　초기 자금 조달 seed financing

스타트업　　　　스타트업 자금 조달(창업자금 조달)

성장　　　　　　1차 자금 조달

확장　　　　　　2차 자금 조달
　　　　　　　　메자닌 Mezzanine 자금 조달

　　　　　　　　(메자닌은 이탈리아어로 1층과 2층 사이의 중층을 뜻
　　　　　　　　하며, 여기서는 신용대출과 담보대출의 중간쯤이라는
　　　　　　　　의미로 쓰인다. 배당우선주, 신주인수권부사채 인수권,
　　　　　　　　전환사채 등의 주식과 관련한 권리를 담보로 돈을 빌
　　　　　　　　리는 것을 말한다. -옮긴이)

　　　　　　　　유동성 확보 단계

성숙　　　　　　은행 대출
(잠재적 출구)　　채권 발행
　　　　　　　　주식 발행

모든 기업은 최초 개발 단계를 시작으로 성숙 단계까지 위와 같은 5단계를 거친다. 그리고 그
모든 과정에서 자금 조달은 필수적 요인이다.

벤처 캐피털

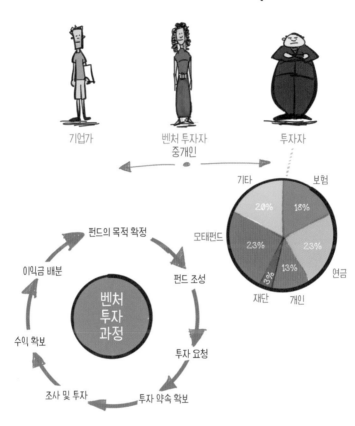

기업가

벤처 투자자
중개인

투자자

벤처 투자 과정

- 펀드의 목적 확정
- 펀드 조성
- 투자 요청
- 투자 약속 확보
- 조사 및 투자
- 수익 확보
- 이익금 배분

기타 20%
보험 18%
모태펀드
23%
연금 23%
재단 3%
개인 13%

전형적인 보상 형태

20 · 2

20% 이익

연간 2% 보상

성과 보수 또는
성공 보수carried interest
라고도 한다.

벤처 투자업계의 다양한 의견이
성공에 매우 중요하다.

 대부분의 벤처캐피털은 최초 검증에 약 **6**분을 소비한다.

 벤처 투자자는
경영진과 시장에 가장 많은 관심을 둔다.

FINANCING

자금 조달

자금을 조달하는 가장 좋은 방법은
주식 발행이다.
(물론 일정 지분을 포기해야 한다.)

타깃

3배의 수익
또는
6배의 수익

서면 계약

벤처캐피털의 가치 평가

벤처캐피털과 일을 할 경우, 그들은 3배에서 6배의 수익을 추구하며 서면 계약서를 요구한다.
사모펀드private equity의 세계에서는 명성이 모든 것을 의미한다는 사실을 항상 기억해야 한다.
말에 대한 책임을 지며 약속한 것은 반드시 제공할 수 있도록 하라.

사모펀드

명성이 가장 중요하다.

기업 형태 선택하기

회사를 창업할 때, 다양한 회사 형태의 장단점을 파악하는 것이 중요하다. 각 형태는 자신이 부담해야 할 법적 책임과 세금에 중대한 영향을 끼칠 수 있다. 이제 각 기업의 형태를 알아보자.

sole proprietorship 개인 기업

가장 단순하고 흔히 볼 수 있는 기업 형태다. 법인화되지 않는 기업 형태이며 소유주와 기업 사이에 뚜렷한 구분이 없다. 하지만 단순함에 따른 위험 요소도 있다. 소유주와 기업이 구분되지 않으므로, 누군가가 기업을 상대로 소송을 제기하면 소유주의 개인 자산이 위험에 처할 수도 있다.

LLC 유한책임회사

Limited Liability Corporation의 영문 머리글자를 사용해 LLC로 부른다. 이 형태는 소유주와 기업 사이에 법적으로 완충되는 부분이 존재하므로 일반적으로 개인 기업보다는 나은 선택이라 할 수 있으며, 개인 기업과 법인 기업의 특징을 모두 갖추고 있다.

S Corp S 코퍼레이션

규칙과 규제가 더 많은 보다 복잡한 형태다. 그렇긴 하지만, 외부 자금 조달이나 주식 발행을 생각하고 있다면 더 좋은 형태일 수도 있다. 주식 발행이 가능하다는 것은 파트너십을 장려하거나 기업에 추가적으로 도움을 줄 수 있기 때문에 언제나 좋은 일이다.

C Corp C 코퍼레이션

C 코퍼레이션은 S 코퍼레이션과 비슷하지만, 두 번에 걸쳐 세금이 부과된다는 점에서 다르다 (기업의 순이익뿐만 아니라 주주에게 배당된 이익에도 세금이 부과된다). C 코퍼레이션은 주주를 무한대로 모집할 수 있는 반면, S 코퍼레이션은 최대 100명이며 모두 미국 시민권자여야 한다.

5C'S OF CREDIT

융자의 5c

융자 기관이 잠재적 대출자를 평가할 때 무엇을 기준으로 삼는지 알아보자.

① CHARACTER
신용 기록 및 평판

개인의 특성character은 개인의 신용 기록이라 할 수도 있으며, 대출자의 신용평가보고서에 담긴 정보를 말한다. 이 보고서는 개인이 일정 기간 동안 대출한 액수와 그 대출을 제때 상환했는지를 보여 준다.

② CAPACITY
상환 능력

최대 대출 한도capacity는 개인의 상환 능력과 관련이 있으며, 현재 수입과 기존 부채 상환액을 비교해 산출한다. 융자 기관은 이와 같은 평가를 할 때 대출자가 현재 직장 또는 직업에 얼마나 오랫동안 있었는지도 검토한다.

③ CAPITAL
대출자의 출자금

자본capital은 대출자가 이미 투자한 금액을 뜻한다. 대출자가 직접 투자한 것이 있으면, 융자 기관은 대출자의 대출 상환에 대해 보다 안심할 수 있다.

④ COLLATERAL
대출자가 제시한 담보 자산

담보collateral는 대출 상환이 안 될 경우에 대한 보장으로, 대출자가 제시한 자산을 말한다. 융자 기관은 대출 상환이 이뤄지지 않으면 이와 같은 담보 자산을 매각해 대출금을 회수할 수 있는 옵션을 확보한다.

⑤ CONDITIONS
대출자의 대출금 사용 용도

조건conditions에는 대출금액, 이자율, 대출자의 자금 사용 계획 등이 포함된다. 대출자의 목적이 분명하고 보다 집중돼 있을수록 대출 승인을 받을 확률이 높아진다.

144

SUMMARY

탁월한 실행이 있다면 평범한 아이디어로도 성공할 수 있다.

▶ SWOT 분석: 강점과 약점(소비자의 욕구 및 비용 등 내부 요소), 기회와 위협(대체자의 등장 및 신기술 출현 등 외부 요소)

▶ 고성장을 위한 최상의 실행 계획: ①마케팅 계획(높은 가격을 받는 고품질 제품의 개발, 효율적인 유통) ②재무적 계획(월간 및 5개년 재무 계획, 효과적인 관리) ③경영 실행 계획(관련 지식을 가진 관리팀 구축, 공동 의사결정)

▶ 기업의 라이프사이클: 개발 → 성장 → 확장 → 성숙(포화 → 쇠퇴)

▶ 기업의 형태: ①개인 기업 ②유한책임회사(LLC) ③S코퍼레이션 ④C코퍼레이션

CHAPTER THIRTEEN

[가야 할 방향을
정확히 알고 있는가]

▶▶ 기업을 성공으로 이끄는 ◀◀
올바른 의사결정의 힘

의사결정은 우리 삶에서 매우 일상적으로 일어나지만 동시에 삶에 많은 영향을 미치는 행동이다. 최고의 결과를 얻을 수 있는 최상의 의사결정을 내리는 방법을 알아보자.

의사결정을 내려야 할 때에는
사전에 상황을 파악하는 proactive 자세가 필요하다.

 - PROBLEM
문제

 - OBJECTIVES
목표

 - ALTERNATIVES
대안

 - CONSEQUENCES
결과

 - TRADE OFFS ①
절충 사항

우리의 성공은 우리가
내리는 의사결정에
달려 있다.

아주 복잡한 의사결정도
이 과정을 통해 내릴 수 있다.

PrOACT 접근법은 기적과 같은 효과를 가져온다. 정말 단순한 모델이지만, 의사결정을 신속하게 할 수 있게 해주며 올바른 결과에 이르는 데 도움을 준다.

올바른 의사결정 문제에 집중하라.

올바른 문제 인식은 의사결정 과정의 가장 중요한 단계다. 제시된 문제를 모아 해결해야 할 문제가 정확히 무엇인지 파악하라. 예를 들면, "어느 헬스클럽에 가입해야 할까?"가 아닌 "어떻게 하면 건강해질 수 있을까?"가 올바른 문제 인식이다.

  모든 목표를 구체화하라.

목표를 하나씩 검토하라. 이루려는 것이 무엇인지 그리고 그 이유는 무엇인지 질문하라. 목표를 뚜렷하게 만드는 과정에서 발견한 내용들에 놀랄지도 모른다.

  **브레인스토밍을 통해 대안**들을 **도출**하라.

탁월한 의사결정은 최상의 대안에 달려 있다. 대안이 많을수록 선택의 폭이 넓어지고 보다 넓은 시야를 확보할 수 있다. 그러므로 시간을 두고 최대한 많은 대안을 도출하도록 노력하라.

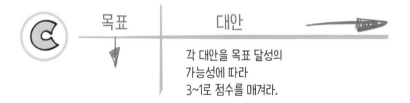

대안별 결과를 예측하는 단계다. 표를 만들어 좌측 열에 모든 목표를 기록하고, 각 목표를 달성하기 위한 대안들을 가중치에 따라 위에서부터 나열하라. 그런 다음 각 대안이 해당 목표를 얼마나 충족시키는지를 정도에 따라 3~1점으로 점수를 매겨라. 이를 통해 가야 할 방향이 어디인지 잘 파악할 수 있다.

절충 사항을 파악하라.

	자동차1	자동차2	자동차3
안락함	3	3	2
넉넉한 실내 공간	2	3	2
매력적인 스타일	2	3	3
뛰어난 연비	1	1	3
상태	3	1	3
가격	2	1	3

이 단계에 이르면 가야 할 방향이 어디인지 잘 알고 있겠지만, 비슷한 대안들 사이에서 절충해야 할 사항들이 무엇인지 파악하는 것도 중요하다.

**반복 연습하다 보면
완전히 자신의 것이 될 수 있다.**

골프채의 그립을 바꾸면
100번의 스윙을 해야 적응할 수 있다.
처음에는 불편하겠지만, 곧 익숙해질 것이다.

PrOACT 접근법은 더 나은 의사결정을 내리는 데 도움을 주는 훌륭한 모델이지만 처음부터 익숙할 수는 없다. 집중해서 연습하다 보면 습관처럼 몸에 익을 것이다. 연습하고, 또 연습하라.

팀과 함께 내린 의사결정은
항상 더 좋은 결과를 낳는다.

모두가 동의하는
의사결정 프레임워크

이상적인 팀 규모는
4~6명이다.

어떤 문제를 해결하려고 서두르다가 어느 순간 진짜 문제는 그것이 아니었다는 사실을 깨닫는 경험을 종종 해봤을 것이다. 이는 사람들이 흔히 빠져드는 의사결정 함정이며 생각보다 자주 일어난다. 이어지는 내용은 우리가 흔히 겪는 함정들이니 조심해야 한다.

함정

- 단순하면서도 강력하고, 모두가 공유할 수 있는
  판단 과정 모델의 부재

- 문제 해결에 성급히 뛰어드는 현상.
  엉뚱한 문제를 해결하려는 상황에 이를 수 있다.

- 의사결정을 유발하는 요인을 구체화하고,
  분명히 파악하며 평가하라.

  → 문제를 인식하게 만드는 요인
  TIP: 이는 문제인 것처럼 가면을 쓴 대안일 수도 있다.

  → "정말 문제인가 아니면 대안인가?"
  취업자를 찾는 인사팀에서 전화가 왔을 때,
  그 일자리를 받아들여야 하나? 이는 문제가 아니다!

마법의 질문

은퇴 이후를 위해 얼마를 저축한다.

왜?   목적을 위한 수단
:
가족과 함께 시간을 보내기 위해
(진정한 목적)

목적을 확인하기 위한 훌륭한 질문

우리 모두는 서로 다른 관점(프레임)에서 세상을 바라본다. 우리가 다른 사람의 관점에서 세상을 더 많이 볼 수 있으면, 더 나은 결과에 이를 수 있다.

다양한 관점에서
상황을 파악하라.

나의 프레임뿐만 아니라 다른 사람의 프레임도 확인하라.

여러 프레임으로 문제를 바라보며
최상의 아이디어를 도출하라.

다른 사람의 관점에서 사물을 바라보는 일은
물론 어렵다. 인지 부조화가 일어날 수 있다.
하지만 나중에 자신의 생각으로 되돌아가게
되더라도, 일단은 다른 사람의 입장을 인정하고
그들의 관점으로 생각해 보라.

당신이 동의하지 않는 어려운 주제를 택해 이를 반대하는 사람의 입장에서 바라볼 수 있도록 하라. 쉽지는 않지만, 훈련을 한다면 불가능한 일도 아니다. 더 많은 각도에서 보면 볼수록, 보다 나은 의사결정을 내릴 수 있는 더 많은 정보를 얻게 된다.

시스템 1과 시스템 2라는 사고방식이 있다. 우리의 생각은 일반적으로 보다 빠르고 단순한 시스템 1에 맞춰져 있다. 하지만 어려운 의사결정을 내릴 때 항상 시스템 1을 기본적으로 따른다면 위험할 수 있다. 이런 현상에 맞서는 가장 좋은 2가지 방법은 우리가 지닌 다양한 편견을 인식하고, 체계적인 문제 해결 방식을 따르는 것이다.

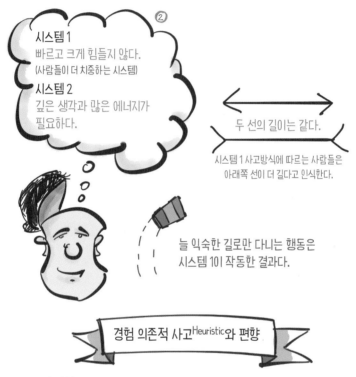

시스템 1
빠르고 크게 힘들지 않다.
(사람들이 더 치중하는 시스템)

시스템 2
깊은 생각과 많은 에너지가 필요하다.

두 선의 길이는 같다.

시스템 1 사고방식에 따르는 사람들은 아래쪽 선이 더 길다고 인식한다.

늘 익숙한 길로만 다니는 행동은 시스템 1이 작동한 결과다.

경험 의존적 사고^{Heuristic}와 편향

① 가용성^{Availability} 휴리스틱

② 대표성^{Representativeness} 휴리스틱

③ 전망 이론^{Prospect Theory}

④ 앵커링^{Anchoring}(협상 시 처음 언급된 조건에 얽매여 벗어나지 못하는 행태. 즉, 처음 습득한 정보에 몰입하여 새로운 정보를 수용하지 않거나 부분적으로만 수정하는 행동 특성을 뜻한다.-옮긴이)과 불충분한 조정

⑤ 과도한 확신^{Overconfidence}

⑥ 동기화된 추론^{Motivated Reasoning}

가용성 휴리스틱 ③

사람들은 얼마나 쉽게 사례를 떠올릴 수 있느냐에 따라 예측한다.

초두 효과

최초 정보에 가장 많이 의존한다.

최신 효과

가장 최근의 정보에 큰 비중을 둔다.

대체

측정 자체가 전략이 된다.

대표성 휴리스틱 ④

어떤 사건 하나가 전체를 대표한다고 보고 이를 통해
사건의 발생 확률을 판단한다.

기저 확률 무시

사람들은 기저 확률을 고려하지 않고 한 사건의 발생 가능성을 평가한다.

도박사의 오류

동전을 던져 앞면이 연달아 세 번 나오면, 다음에는 뒷면이 나와 균형을 맞출 것으로 기대한다.

'뜨거운 손' 오류

우연은 우연일 뿐이라고 생각해야 한다. 그렇지 않으면 한 번 일어난 일이 계속 일어날 것이라고 예상하는 뜨거운 손 오류에 빠진다.

착각 상관관계와 보지 못하는 상관관계

1, 19, 152, 99, 107

사람들은 실제로 존재하지 않는 상관관계를 보거나, 실제 있는 상관관계를 보지 못한다.

전망 이론 ⑤

사람들은 이익을 얻는 것보다 손실을 피하려는 경향이 더 강한데,
이는 손실이 예상되는 분야에서 위험을 마다하지 않고,
이익을 얻을 수 있는 분야에서 위험을 멀리하는 결과로 이어진다.

손실 회피

이익 추구보다 손실의 위험을 완화하는 것을 선호한다.

처분 효과

수익이 나는 주식보다 손해가 일어나고 있는 주식을 더 오래 보유한다.

프레이밍 효과

문제를 바라보는 프레임에 따라 결과가 달라진다.

공정성에 관한 염려

사람들은 불공정함을 피하기 위해 경제적 논리에 맞지 않는 결정을 내린다.

앵커링과 불충분한 조정 ⑥

사람들은 비록 무작위로 얻은 것이라도 '처음에 얻은 정보'에
너무 크게 의존하는 경향이 있다.

지식의 저주

사람들은 정보를 얻기 전처럼
행동하는 데 어려움을 겪는다.

사후확증 편향
Hindsight bias

사람들은 어떤 일의 결과를 보고 난 후 자신은
진작부터 결과를 예견하고 있었다고 믿는다.

과도한 확신 ⑦

사람들은 자신의 예측을 지나치게 확신하는 경향을 보인다.

"나는 99% 확신해!"

(사실 40%가 틀린다.)

동기화된 추론(의도적 합리화) ⑧

사람들은 자신의 선호도에 따라 증거를 평가하는 경향이 있다.

희망적 사고	확증 편향	정보 추구 편향	매몰비용 오류

실제 데이터가
아니라 자신의
선호도를 근거로
믿음을 형성한다.

자신의 가정을
확증하는 증거를 찾고,
부정적 증거보다 확증하는
증거에 더 많은 비중을 둔다.

정보를 추구하는 행태는
정보에 더 많은
비중을 두는
결과로 이어진다.

매몰비용이 많으면
많을수록, 사람들이
그 자리에 그대로 머무를
가능성이 높아진다.

① 준비. 각 개인이 사전에
아이디어를 창출한다.

최종 협의
아이디어에 우선순위를 매기기
위한 열린 토론을 진행한다.

2차 협의
1차 협의에서 특별히 눈에 띈
아이디어를 공유한다.

**그룹이 일반적으로
보다 나은 판단을 한다.**

② 협의.

1차 협의
비판이나 논쟁 없이 각 개인이
생각한 아이디어를 공유한다.

우리의 성공은 우리가 내리는 의사결정에 달려 있다.

▶ 문제 해결을 위한 PrOACT 접근법: ①올바른 문제 정의 ②목표 검토 ③브레인스토밍을 통한 대안 도출 ④결과 검토 ⑤절충 사항 파악

▶ 우리에겐 2가지 사고 시스템이 있다. 어려운 의사결정을 내릴 때는 깊은 생각과 많은 에너지를 필요로 하는 '시스템 2'를 사용해야 한다.

▶ 휴리스틱과 편향: ①가용성 휴리스틱 ②대표성 휴리스틱 ③전망 이론 ④앵커링과 불충분한 조정 ⑤과도한 확신 ⑥동기화된 추론

CHAPTER FOURTEEN

[변화하지 않으면 새로운 시작도 없다]

▶▶ **조직의 동기부여를 위한 경영자의 역할** ◀◀

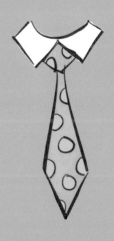

경영 관리General Management는 기업의 문제를 해결하고 쟁점을 처리하는 일에 관한 모든 것을 의미하며, 이 모두를 한정된 지식만으로 달성해야 한다. 문제 해결을 위해서는 다른 사람들이 문제를 올바른 프레임으로 바라보고 해결 방안을 찾도록 도움을 줘야 한다.

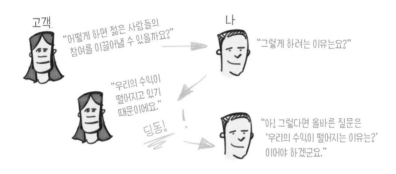

문제 해결의 기본 단계

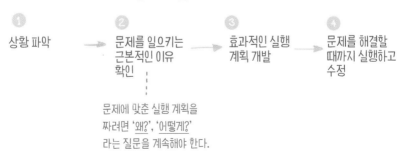

문제의 구조화는 스마트SMART한 문제 정의에서 시작된다. 문제 정의 후 해결 방법을 찾으려면 모든 가설을 담은 이슈 트리issue tree를 만들어 내야 한다.

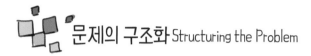

문제의 구조화 Structuring the Problem

"컨설턴트로서 나의 최대 강점은 잘 모르는 것처럼 몇 가지 질문을 하는 것이다."

- 피터 드러커

올바른 질문을 하는 방법을 배워라.

근본적인 문제에 도달할 수 있다.

S·M·A·R·T한 문제 정의①

S (Specific-구체적이고)
M (Measurable-측정 가능하며)
A (Attainable-달성 가능하며)
R (Relevant-연관성이 있으며)
T (Time bound-시간이 한정된)

레모네이드 가판대 비즈니스를 어떻게 두 배로 확장할 수 있을까?

사람들이 우리 레모네이드를 사러 오지 않는 이유는?

우리를 모른다.

우리에 대해 들어보지 못했다.

들어보았지만 귀 기울이지 않았다.

우리를 안다.

구입했다. 구입하지 않았다.

한 번 이상 구매 한 번만 구매

ISSUE TREE

이슈 트리가 만들어지면 이제 가설에 대한 테스트를 시작으로 데이터를 수집하고 이슈 트리에서 더 이상 상관없는 가지들을 쳐내야 한다. 이를 통해 문제를 일으키는 근본 원인을 파악하고 실제 해결 방안을 찾을 수 있다.

데이터를 얻으면, 관련 없는 가지들을 이슈 트리에서 잘라내야 한다.

사람들이 우리 레모네이드를 사러 오지 않는 이유는?

우리를 모른다.

우리를 안다.

우리에 대해 들어보지 못했다.

들어보았지만 귀 기울이지 않았다.

구입했다.

구입하지 않았다.

한 번 이상 구매

한 번만 구매

문제 해결을 최우선으로 삼는 목표를 세워라. 가장 적은 비용으로 가장 큰 혜택을 얻을 수 있는 목표에 집중하라.

GOAL

최저 비용으로
+
최고의 혜택을 얻는
문제 해결 방안

컨설턴트는 고객에게 훌륭한 방안을 추천해야 한다. 아래는 문제 해결 방안을 추천하는 과정의 기본 흐름이다.

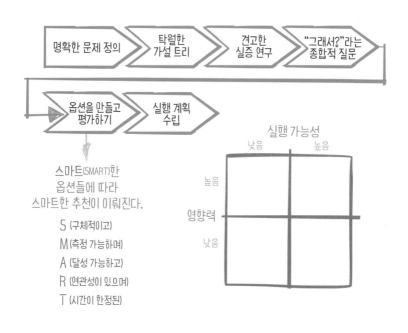

명확한 문제 정의 → 탁월한 가설 트리 → 견고한 실증 연구 → "그래서?"라는 종합적 질문 → 옵션을 만들고 평가하기 → 실행 계획 수립

스마트(SMART)한 옵션들에 따라 스마트한 추천이 이뤄진다.

S (구체적이고)

M (측정 가능하며)

A (달성 가능하고)

R (연관성이 있으며)

T (시간이 한정된)

실행 가능성
낮음   높음

높음

영향력

낮음

변화에 대해 알아야 하는 이유는?

조직이 변화에 준비돼 있지 않으면
아무리 훌륭한 해결 방안도 실패할 수 있다.

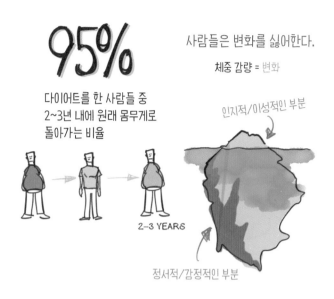

95%

다이어트를 한 사람들 중
2~3년 내에 원래 몸무게로
돌아가는 비율

2–3 YEARS

사람들은 변화를 싫어한다.

체중 감량 = 변화

인지적/이성적인 부분

정서적/감정적인 부분

변화는 감정의 영역이다. 올바른 방향으로 조금씩 변화를 줄 수 있는 방법을 찾아야 한다. 예를 들면, 살을 빼려고 할 때는 무조건 음식량을 줄이는 것보다 좀 더 작은 접시를 사용하는 것이 더 효과적이다.

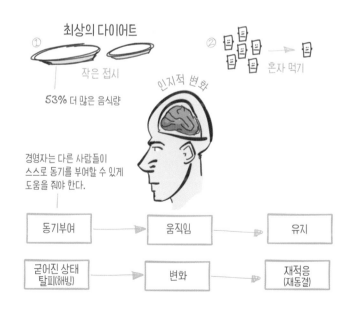

최상의 다이어트

① 작은 접시

53% 더 많은 음식량

② 혼자 먹기

인지적 변화

경영자는 다른 사람들이
스스로 동기를 부여할 수 있게
도움을 줘야 한다.

| 동기부여 | → | 움직임 | → | 유지 |

| 굳어진 상태 탈피(해빙) | → | 변화 | → | 재적응 (재동결) |

165

사람들에게 변화에 대한 동기를 일으키려면 그들이 변화의 중요성을 보고 느끼도록 도움을 줘야 한다.

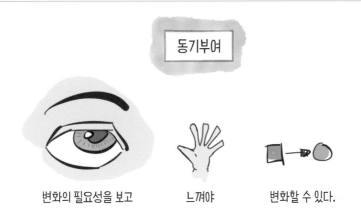

변화의 필요성을 보고   느껴야   변화할 수 있다.

과거에 해오던 방식을 벗어날 수 있을 때 비로소 변화는 일어난다. 변화하려면 과거를 종결하고 중립 지대에 머무는 기간을 거쳐 새로운 시작에 정착해야 한다.

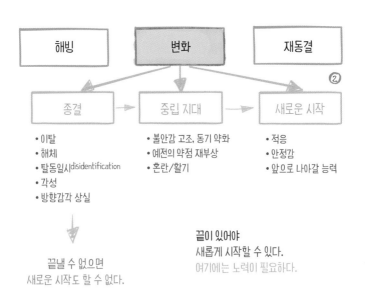

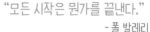

"모든 시작은 뭔가를 끝낸다."
- 폴 발레리

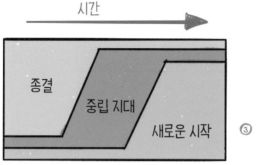

시간

종결

중립 지대

새로운 시작 ③

3가지 모두를 동시에 해야 한다.

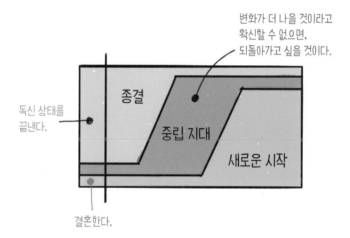

변화가 더 나을 것이라고
확신할 수 없으면,
되돌아가고 싶을 것이다.

종결

독신 상태를
끝낸다.

중립 지대

새로운 시작

결혼한다.

변화 모델의 과정을 보여 주는 좋은 사례는 결혼이다. 혼인 서약을 교환하면서 새로운 인생의
단계가 시작되고, 부부는 과거의 독신 상태와 예전의 삶에서 누렸던 편안함을 끝내야 한다.
이 과정에서 부부는 한동안 중립 지대에 머물게 된다. 미래가 보다 나아질 것으로 확신하면,
부부는 새로운 시작을 받아들이고 과거에서 벗어나 진정한 변화를 이룰 수 있다.

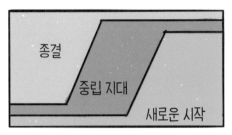

종결

중립 지대

새로운 시작

이 과정을 거부하기보다
거쳐 나가는 편이 더 낫다.
그렇지 않으면 최악의 결과에 이를 수 있다.

변화는   하지만   전환 과정은
잘라내버리는 것   그리 간단하지
                                         않다.

사람들을 변화의 과정으로 이끄는 방법

① 문제를 해결(인지)하는 게 아닌 납득(감정)하는 게 먼저다.
　'코끼리'가 더 강력하다는 사실을 기억하라.

(8장 코끼리에 올라탄 사람 참조)

② 누가 무엇을 잃게 되는지 확인하라.
　이를 통해 더 많은 공감과 준비를 이끌어낼 수 있다.

③ 개인적 상실감이 생긴다는 현실을 받아들여라.
　고통은 우리가 인식하는 것보다 훨씬 더 심할 수 있다.

④ 과거를 존중하라.

⑤ 과거와 단절하더라도 정말 중요한 일은 계속된다는
　확신을 심어 주어라.

PURPOSE: 우리가 변화를 향해 움직이는 **이유**는?
목적

 PICTURE: **어떤** 모습으로 변할 것인가?
전망

 PLAN: **어떻게** 변화를 이룰 것인가?
계획

 PART: 나는 **어디에** 어울릴까?
소속

사람들을 변화의 과정으로 이끌 때 그들에게 변화의 목적과 모습, 변화를 위한 계획 그리고 변화 후 어디에 소속될지에 대한 부분을 미리 이해시켜라. 변화를 위한 계획이 나에게는 의미가 있다 하더라도, 그들은 아직 준비가 안 됐을 수도 있다.

① **마라톤 효과를 기억하라.**
나는 이미 변했지만, 다른 사람들은 아직 안 변했을 수도 있다.

② **거듭 측정하고, 한 번에 잘라내라.**
즉 계획을 세우고 꼼꼼히 준비하라. 이건 그럴 가치가 충분하다.

변화 관리|Change management의 첫 번째 과제:	사람들이 필요한 변화를 이해하고 실행할 수 있게 만들어라.

이 부분을 잊어서는 안 된다.

전환 과정 관리|Transition management의 첫 번째 과제:	사람들이 현재 상태에서 벗어날 수 있도록 설득하라.

저비용 전략

지지자 그룹을 찾아라.
처음에는 비공식적으로 소수의 사람으로 진행하며
추진력을 얻은 뒤에 공식적으로 진행하라.

대규모 조직의 변화에는 전략적이며 세밀하게 계산된 정확한 계획이 필요하다. 이리저리 흩어지는 산탄이 아니라 정확한 지점을 사격하는 소총탄 형태의 모델이어야 한다.

산탄   vs.   소총탄
변화 추구 그룹을 형성하라.

(역겨움 주의) 이런 장면을 생각해 보라. 가족과 함께 저녁 식사를 하는데 식탁 한가운데에 죽은 개가 놓여 있고, 아무도 그것에 대해 말을 하지 않고 있다. 이는 제대로 기능하지 못하는 문제 가정의 모습이다. 우리의 조직도 이렇게 기능을 제대로 못하고 있지 않은가? 모두가 입 밖에 내지 못하는 것이 무엇일까?

문제가 있는 가족의 특징

변화를 위한 실행 계획은 매우 정밀해야 한다는 사실을 꼭 기억하라. 명사수와 같은 정확함이 필요하다. 준비하고, 조준한 뒤, 발사하라. 타이밍이 맞아야 하고, 순서를 지켜야 하며, 무엇보다 그 행동에 신뢰성이 있어야 한다. 커뮤니케이션 전략을 수립하고 적합한 사람들이 참여할 수 있게 하라.

신뢰성이 전부다.

대규모 조직에서의 변화 추구

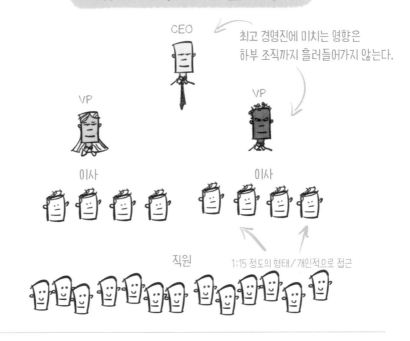

CEO

최고 경영진에 미치는 영향은
하부 조직까지 흘러들어가지 않는다.

VP

VP

이사

이사

직원

1:15 정도의 형태 / 개인적으로 접근

변화 관리 전략은 조직 내 적절한 사람들에게 영향을 미칠 때 제대로 작동한다.

CEO

탑다운 방식은
효과가 없다.

**"내가 할 프로젝트"가
아니다.**

비공식적 커뮤니케이션

초기에는 1:15의 형태로
접근해 변화를
납득시켜라.

전체 조직이

함께 참여하도록 만들어라.

SUMMARY

경영자는 끊임없이 변화를 위한 질문을 던져야 한다.

▶ 스마트SMART한 문제 정의: 문제는 구체적이고, 측정 가능하며, 달성 가능하고, 관련이 있으며, 한정된 시간 안에서 해결할 수 있는 것이어야 한다.

▶ 이슈 트리: 인과관계를 포착하기 어려운 문제에 대한 핵심 질문을 도출하고 이러한 질문을 계속 던진다. 이를 통해 문제를 일으키는 근본 원인을 파악하고 실제 해결 방안을 찾을 수 있다.

▶ 변화 모델의 3단계: 해빙(굳어진 상태 탈피) → 변화 → 재동결(재적응). 모든 변화는 과거의 상태를 종결하고 중립 지대에 머무는 기간을 거쳐 새로운 시작에 정착하는 전환 과정을 거친다.

CHAPTER FIFTEEN

좋은 리더에서
위대한 리더로

▶▶ **전세의 판도를 바꾸는** ◀◀
리더의 전략적 사고

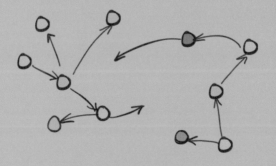

우리는 역사적 리더들의 성공과 실패에서 교훈을 얻을 수 있다. 미국 남북전쟁을 예로 들어 보자. 남부 연합군이 패배한 데는 많은 이유가 있었지만 연합군의 총사령관이었던 로버트 리 장군의 리더십도 그 이유 중 하나였다. 리 장군의 부하들은 그가 특정 지시를 내리는 이유도 몰랐고, 왜 자신의 생각을 정확히 이야기하지 않는지 알지 못했다. 리더로서 비전을 마음속에 품는 것은 쉽지만 이를 아랫사람들과 효과적으로 소통하지 못하면 전쟁에서 이길 수 없다.

미국 남북전쟁에서 남부 연합군이
패배한 이유는 무엇일까?
(애초에 잘못된 편에 섰다는 이유는 제외!)

로버트 리 장군

리 장군의 부하들은
때때로 그가 어떤 생각을
하는지 몰랐다.

리 장군의 지시나 설명은
명확하지 않았다.

THE
WHY

스튜어트 장군이 없으면
리 장군은 장님이나 마찬가지였다.

스튜어트 장군
그의 임무는 정찰이었지만 늘 빈둥대며
임무를 소홀히 했고 어느 누구도 그가
어디 있는지조차 몰랐다.

리 장군은 신뢰하는
부하 장군의 말에 귀 기울이지 않았다.

성공은 어디에서
비롯되는가?

방어 전략?
아니면
장병들의 사기?

리 장군은 사기 진작에
너무 중점을 두었다.

변화하는 상황에 적응해야 한다.

아니면, 전략이 계속 먹힐 수 있게
상황을 변화시켜야 한다.

LISTEN
훌륭한 리더는 경청을 잘한다.

성공하려면 헌신적이고
적극적으로 참여하는
사람들이 필요하다.

매우 중요한 시점에 리 장군은 부하 장군들의 말에 귀를 기울이지 않았고 주위에서 일어나는
상황 변화에 적응하지 못했다. 주변 상황을 수시로 살피고 적응해야 정상에 머무를 수 있다.

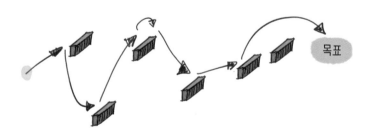

윈스턴 처칠은 자신의 영향력을 확대하기 위해 특정 지위를 의도적으로 맡는 등 자신이 했던 모든 일에서 전략적이었던 리더였다.

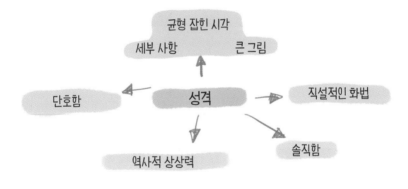

처칠은 위와 같은 리더로서의 성격을 매우 중요하게 여겼으며 자신의 리더십 역량으로 잘 활용했다.

*"Success is going from failure
to failure without loss of
enthusiasm." — Churchill*

"성공은 실패를 거듭하면서도 열정을 잃지 않는 데서 비롯된다."
- 윈스턴 처칠

먼저 주요 전략적 의사결정을 내려라.

2

리더십이 뛰어난 사람들을 선택하라.

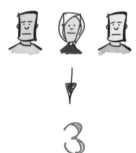

3

명확한 방향을 제시하고
그들이 효과적으로 행동할 수 있도록
걸림돌을 제거하라.

심사숙고

그런 뒤에

단호하게
행동

책임에는
그에 걸맞은
권한이 필요하다.

개인들이 주어진 책임 하에서 성공하려면, 그 임무를 수행하는 데 필요한 권한을 가져야 한다. 그렇지 않으면 실패에 이를 수밖에 없다. 처칠은 더 먼 역사를 되돌아보면 볼수록 보다 먼 미래를 볼 수 있다고 생각했다.

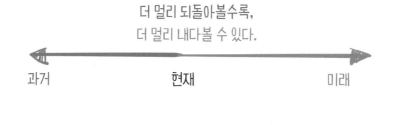

더 멀리 되돌아볼수록,
더 멀리 내다볼 수 있다.

과거　　　　　　　　　현재　　　　　　　　　미래

집단 의사결정은 상황에 영합하는 타협적인 결과에 이른다.

함께 협의하는 것counseling together과 집단 의사결정collective decision making은 다르다. 공동 협의는 결정에 필요한 최상의 통찰을 모으는 것인 데 반해 집단 의사결정은 단지 서로의 의견을 절충해 '타협적'인 결과에 이르는 비효율적인 방식이다. 강력한 리더십은 다른 사람의 말에 귀를 기울이지만, 결정을 내려야 할 때를 알고 있다.

벌지 전투 The Battle of the Bulge

(1944년 프랑스 북부에서 벨기에와 룩셈부르크까지 이어진 아르덴 숲에서 벌어진 독일군과 미군의 전투. 이 전투에서 미군의 허를 찌른 독일군이 승기를 잡은 것처럼 보였으나, 연합군은 공중 포격과 공중 보급이라는 신속한 대응으로 상황을 반전시켰다. 결국 이듬해 1월 독일군은 바스토뉴에서 퇴각했고, 1월 23일 독일군 사령부는 작전을 중지해 전투는 연합군의 승리로 끝났다. – 옮긴이)

  VS.

아이젠하워   히틀러

아이젠하워	히틀러
• 군대를 상황에 맞게 개편하며 신뢰했다.	• 일탈하지 말라고 명령했다.
• 참모들의 말에 귀를 기울였다.	• 참모들의 말을 듣지 않았다.
• 격려하고 의욕을 고취시켰다.	• 공포심을 조장하며 이끌었다.
• 침착하고 이성적이며 당황하지 않았다.	• 사후에 대응하는 스타일이었다.
• 합의가 이뤄질 때까지 기다렸다.	• 명령만을 일삼았다.
• 참모들의 힘을 한 곳으로 모았다.	• 자신의 속내를 드러내지 않았다.
• 낙관적이며 사기를 진작했다.	• 냉정하며 공포심을 불러일으켰다.

미국은 벌지 전투에서 아이젠하워의 리더십에 크게 힘입어 나치 군대를 격퇴했다. 아이젠하워는 히틀러와 거의 정반대의 태도와 방식으로 이끌었으며, 이는 연합군의 승리에 크게 기여했다.

아이젠하워의 의사결정

협의와 합의 → 결정해야 할 순간까지 기다린다. → 실행

위대한 리더는 소통을 멈추지 않되, 결정을 내려야 할 때를 알고 있다.

▶ 리더가 실행자인 직원들과 효과적으로 소통하지 못하면 아무리 좋은 전략이라도 실패할 수 있다. 경청을 통해 사람들의 의견에 귀 기울이며 상황 변화에 적응해야 한다.

▶ 올바른 리더의 3가지 자세: ①전략적 의사결정 ②권한이 있는 사람을 임명 ③명확한 방향 제시

▶ 공동 협의(최상의 통찰을 도출)와 집단 의사결정(타협적인 결과)의 차이를 이해해야 한다.

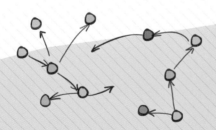

CHAPTER SIXTEEN

[탁월한 아이디어는
어디에서 오는가]

▶▶ 지속가능한 창의성과 혁신 ◀◀

그림 그리기는
연상적 사고의
도구로서

창의성 향상에
도움을 준다.

창의성의

%는

일하는 형태와
관련이 있다.

천재성 수준	나이
98%	5
30%	10
12%	15
2%	18+

NASA
창의성 검사
①

보다 창의적이고 싶으면,
습관이나 일하는 형태를
바꿔야 한다.

소모적   VS.   창의적

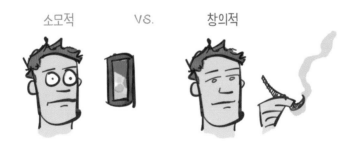

오늘날의 문제는 대부분의 사람들이 시간을 창의적으로 보내는 대신 소모적으로 보내는 것에
있다. 창의적이고 싶다면 정말 많은 노력을 해야 한다. 창의성은 개인적 삶과 직업적 활동 모
두에서 긍정적인 혜택을 가져다준다.

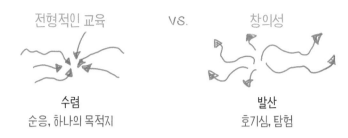

전형적인 교육   vs.   창의성

수렴

순응, 하나의 목적지

발산

호기심, 탐험

브레인스토밍은 가능한 한 많은 아이디어를 얻는 것이 목적이다. 말도 안 되는 아이디어든 실행 불가능한 아이디어든 모든 아이디어를 꺼내 놓아야 한다. 아이디어 생성은 발산과 관련이 있다. 비판하고 싶은 마음이 아무리 강하더라도, 모든 아이디어가 다 나올 때까지는 어떤 아이디어도 비판하지 말아야 한다.

일단 모든 아이디어가 다 나오면, 이제 그 아이디어들을 걸러낼 차례다(수렴). 비즈니스의 기준에서 나쁜 아이디어를 버려야 한다. 탁월한 아이디어에 이르는 방법은 먼저 발산divergence한 뒤에 수렴convergence해야 한다는 사실을 기억하라.

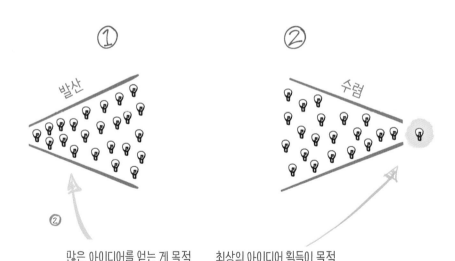

①   ②

발산   수렴

많은 아이디어를 얻는 게 목적

어떤 아이디어도 버리지 말라.

최상의 아이디어 획득이 목적

별로인 아이디어는 버려라.

창의성 발휘 과정

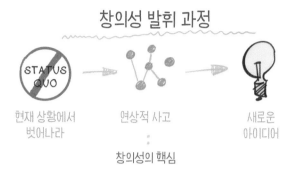

현재 상황에서
벗어나라

연상적 사고

새로운
아이디어

창의성의 핵심

창의적이고 싶다면 먼저 고정관념에서 벗어나라. 그리고 당신이 관찰하고 경험한 것들을 기존의 아이디어에 결합시켜라. 이것이 창의성의 본질이다. 당신의 '카드 목록card catalog'을 항상 경험과 지식으로 가득 채워라. 그런 뒤에 그 카드들을 꺼내 다양한 조합을 만들어라.

지식의 재조합

경험은 우리의 생각 속에서
새로운 인식을 만들어 낸다.

창의성 발휘

① 카드 목록을
채워라.

② 카드를 조합하라.
   - 의도적 재조합
   - 뜻밖의 발견은 생각할 준비가
     된 자에게만 온다.

③ 새로운 창의적 아이디어를
   발견하라.

창의적인 사람은
늘 자신의 카드 목록을
가득 채워 놓기 때문에
행복하다.

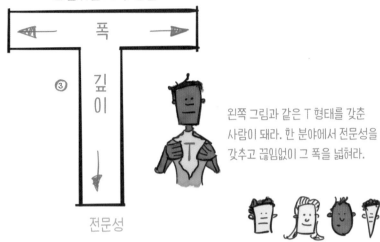

왼쪽 그림과 같은 T 형태를 갖춘 사람이 돼라. 한 분야에서 전문성을 갖추고 끊임없이 그 폭을 넓혀라.

팀을 통해 폭을 넓힐 수 있다.

팀은 개인의 폭을 넓히는 데 매우 중요하다. 자신과 다른 생각을 가진 사람들을 팀에 포함시켜라. 이는 개인의 아이디어 풀idea pool을 극적으로 확장하는 데 도움을 준다. 연상적 사고 방법을 팀이나 개인별로 활용할 수 있다. 가능한 팀을 많이 활용하도록 하라.

연상적 사고 방법

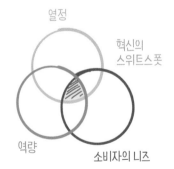

트와일라이트 사고Twilight Thinking
어디에도 얽매이지 않는 자유로운 사고

제대로 된 브레인스토밍Brainstorming

마인드 매핑Mind Mapping
비선형적 연결

아이디어 기록Idea Log

여섯 색깔 사고 모자 기법Six Thinking Hats(영국의 심리학자 에드워드 드 보노가 만든 기법. 6가지 색깔의 모자를 쓰고, 그 색깔이 의미하는 유형의 사고를 한다. 자신의 생각이 아닌 의도적으로 다른 생각을 훈련함으로써 사고력의 폭을 넓히는 기법이다. -옮긴이)

문제   고통

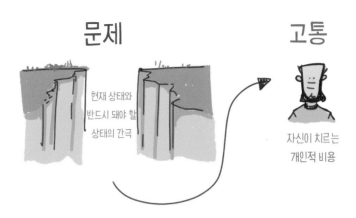

현재 상태와
반드시 돼야 할
상태의 간극

자신이 치르는
개인적 비용

우리가 엄청난 문제를 해결할 훌륭
한 아이디어를 갖고 있다 하더라도,
소비자들은 관심이 가지 않으면 그
아이디어를 사들이지 않는다.
'고통'은 개인적인 것이다. 개인적인
고통은 사람들이 돈을 지불하게끔
만든다.

사람들이 기꺼이 돈을
지불할 의사가 있는
모든 문제 또는
충족되지 않은 니즈

우리가 제시한 아이디어에
소비자의
표정이 밝아지면,
우리가 좋은 아이디어를
가지고 있다는 뜻이다.

191

어떤 형태의 문제를 해결할 때든 복잡한 부분을 파고들어라. 최종 해결 방안을 제시할 때에는 엄청나게 단순한 방안을 제시하라. 단순하고 명쾌한 해결 방안은 그렇지 못한 방안보다 2~4배 더 많은 효과를 발휘한다.

체계적 발명 사고Systematic Inventive Thinking, SIT 는 5가지 사고 모델을 적용해 기존 제품에서 새로운 혁신을 만들어 내는 기법이다.

(SIT의 핵심 원리 중 하나로, 문제를 해결하거나 새로운 솔루션을 만들 때 제품이나 시스템 자체, 주변에 있는 자원만을 활용해야 한다는 원리 – 옮긴이)

'한정된 세계closed world'에서의 문제 해결 방식

① 제거subtract
② 다수화multiply — 제품의 한 특징에
　　　　　　　　　다른 용도를 더하는 방식
③ 분할divide
④ 기능 통합unify tasks
⑤ 속성 의존attribute dependency

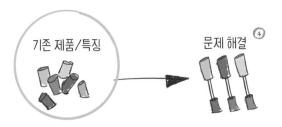

기존 제품/특징 　　　→　　　문제 해결 ④

창의성은 진화 과정을 거친다. 첫째 날의 비전을 시작으로 아이디어는 검증받고 수정된 뒤 다시 검증된다. 이 과정을 통해 우리는 새로운 지식을 얻고, 궁극적으로 비전을 충족시킬 수 있는 상태로 제품을 개선한 뒤에 실제로 출시할 수 있다. 이 과정의 핵심은 민첩하고 유연하게 새로운 정보와 데이터에 적응하는 것이다.

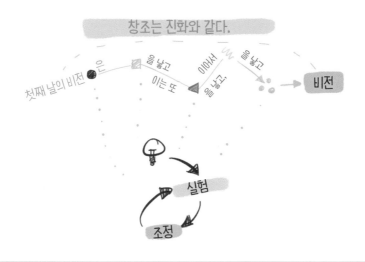

초청 연사: 마이클 리Michael Lee (디즈니가 소유한 '루카스 어트랙션'의 디자인 디렉터 - 옮긴이)⑤

간접비용 부문(계획 수립, 아이디어 발상)에 시간을 투입해야 한다. 대부분의 기업은 이와 같은 간접비용 부문에 거의 투자하지 않는데 일단 제품이 출시되거나 테마파크가 개장한 뒤에는 매우 큰 손해를 입는 결과로 이어질 수 있다.

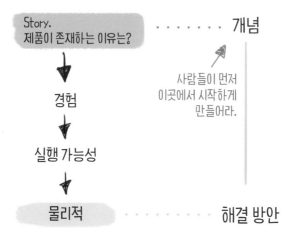

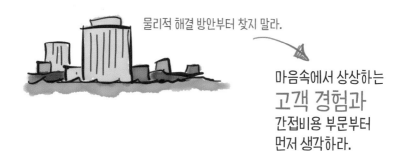

사람들은 항상 조급하게 해결 방안부터 찾으려고 한다. 그러지 못하게 하라. 사람들이 개념, 즉 스토리부터 살펴보게 하라. 이 제품이 존재하는 이유를 찾게 하라. 그런 뒤에 필요한 경험을 상상해서 만들어 내라.

물론, 해결 방안을 만들어 내기 전에 수치들을 검토하고 타당성 조사를 해야 한다. 비즈니스로서 의미가 있으면, 그때 그 해결 방안을 연구하기 시작해야 한다.

하버드 경영대학원 교수 클레이튼 크리스텐슨Clayton Christensen을 언급하지 않고는 혁신에 대해 말할 수 없다. 그는 천재이며, 경영학 거장다운 면모를 드러낸 '해야 할 일Job to Be Done'이라는 이론을 제시했다.

JOB TO BE⁶ DONE

한 패스트푸드 체인은 밀크셰이크를 더 많이 팔고 싶어 했다. 시장 조사를 실시하고 많은 비용을 들여 타깃 소비자에 관한 모든 것을 알아냈다.

남자

20세~45세

그들은 설문조사와 포커스 그룹focus group을 통한 조사도 진행했다. 그러고 나서 레시피를 개선해 밀크셰이크의 품질을 향상시켰고 찾아온 소비자들은 모두 만족했다.

더 좋은 품질의 산딸기

더 부드러운 셰이크

하지만, 판매량은 늘지 않았다!

밀크셰이크 하루 판매량의
45%는 아침에 팔렸다.

이런 사실을 간파한 패스트푸드 체인은 드라이브스루^{drive-through}에서 구매하는 운전자들에게 '왜' 밀크셰이크를 사는지 물어보기 시작했다. 그 결과 소비자들이 출근하는 동안 뭔가 집중할 일이 필요하고, 점심 때까지 포만감을 줄 수 있는 음식을 원한다는 사실을 발견했다. 소비자들이 밀크셰이크를 구매하는 이유를 알아내는 것이 바로 '해야 할 일'이다.

소비자가 밀크셰이크를 구매하는 이유를 이해하고 나서야(해야 할 일) 패스트푸드 체인의 매출은 7배 늘어났다.

창의적이고 싶다면 습관이나 일하는 형태를 바꿔라.

▶ 발산과 수렴: 아이디어 선정의 기본 원칙. 수많은 아이디어를 자유롭게 도출한 뒤, 그 중에서 최상의 아이디어를 선별한다.

▶ 체계적 발명 사고[SIT]: 제거, 다수화, 분할, 기능 통합, 속성 의존. 이 5가지 사고 모델을 적용해 기존 제품에서 새로운 혁신을 만들어 낼 수 있다.

▶ '해야 할 일' 이론: 고객의 입장에서 세상을 바라볼 수 있게 해준다. 진정한 혁신 제품과 서비스는 고객이 해결해야 할 근본적인 문제(해야 할 일)를 파악하고 이를 해결하는 데서 나왔다.

CHAPTER SEVENTEEN

물건이 아닌
상황을 팔아라

▶▶ 경쟁을 없애버리는
스타트업 마케팅의 핵심 ◀◀

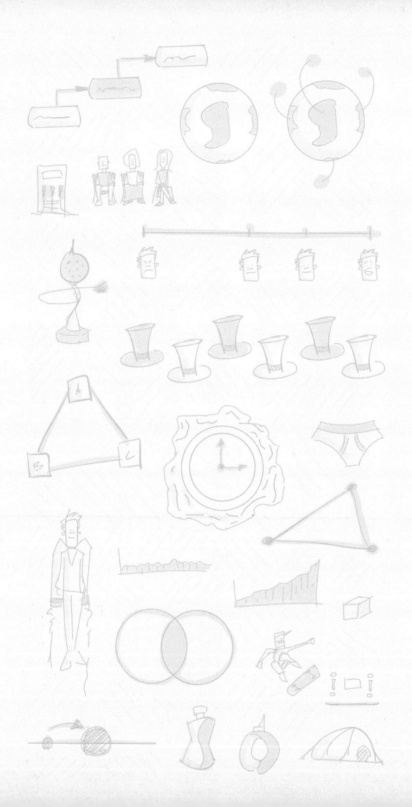

이번 장에서는 아이디어를 수익으로 이어지게 하는 마케팅 모델에 대해 이야기할 것이다. 획기적인 아이디어를 찾아내고, 제품의 경쟁력을 더욱 높이는 방법들이 담겨 있다.

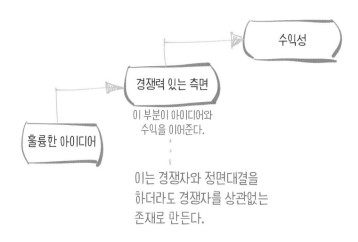

훌륭한 아이디어를
도출하는 방법

따분한 제품을

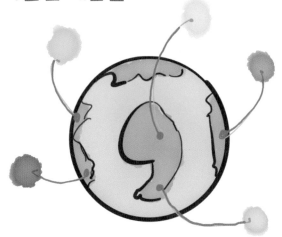

흥미로운 제품으로 만들어라.

REINVENT

주변의 재미없는 제품 경험을
재밌는 제품 경험으로
재창조하라.

참신한 아이디어를 도출하는  가지 방법

1. 일상에서 느끼는 고통을 해결하라.
주위를 둘러보며 사람들이 힘겨워하는 문제를 찾아라.

2. 관심의 물결을 타라.
현재 인기 있는 요소를 찾아 활용하라.

3. 아이디어를 최대한 확대시키거나 끝까지 밀고 나아가라.
선택한 아이디어를 극단적일 정도로 밀어 붙여라. 어떤 이유에서인지
끝까지 밀고 나간 것이 수익을 내는 제품일 경우가 많다.

4. 핵심 제품을 기반으로 삼아라.
가장 흔한 제품들을 보며 그들의 핵심을 찾아내고 이들을 가장
흥미로운 요소로 만들어라.

5. 최신 트렌드를 파악하라.
우리가 팔고 있지 않는 제품이나 서비스 중, 다른 나라에서 가장
수익을 많이 내고 있는 것을 찾아내서 도입하라.

우리에게 좋은 아이디어가 있는지 어떻게 알 수 있을까?
개인적 관련성을 통해 실험하라.

와우!를 부르는 요인

사람들에게 제품을 보여줘라.

포커스 그룹을 대상으로 인터뷰하라.

"와우!"   "괜찮네요."

0점(형편없는 아이디어)에서 10점(지금 결제할게요!)의 범위에서,
이 아이디어에 몇 점을 주고 싶나요?

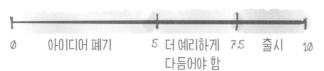

0   5   7.5   10
  아이디어 폐기   더 예리하게   출시
              다듬어야 함

포커스 그룹 인터뷰의 실행 단계

질문 선별
(포커스 그룹이 타깃 시장을 대표하는지 확인)

"여러분은 X 제품(우리와 비슷한 카테고리에 속한 제품)을 사용하나요?"

여섯 색깔 사고 모자 기법을 활용하라.[1]

WHITE
포커스 그룹에게 사실을 설명한다. 지금은 비판하는 시간이
아니라 질의응답만 하는 시간이다.

RED
1~10점의 척도로 이 제품을 살 의향이 있는지 질문한다.

YELLOW
이 제품이 주는 혜택이나 긍정적인 면을 말한다.

BLACK
이 제품의 단점을 말한다. 이때는 그룹 참여자가 부정적인 말
을 할 수 있다.

GREEN
제품을 개선할 수 있는 아이디어를 말한다.

BLUE
사고 모자 실험에서 알게 된 사실을 요약한다.

신제품을 위한 질문

중요도 순서

① 독특한 제품인가?

② 대규모의 소비자 니즈가 존재하는가?

③ 특정 사용 상황을 지배할 만한 제품인가?

④ 제품의 특징 또는 혜택, 아니면 둘 다를
  쉽게 알아볼 수 있는 것인가? (예: 사각형 수박)

⑤ 제품의 우월성을 증명할 양적 증거가 있는가?

각 질문의 순서는 중요도에 따라 나열돼 있다.

고통인가? ──아니면──▶ 사람들의 입에 오를 수 있는 제품인가?

제품의 어떤 면이
사람들의 얘깃거리가 될 것인가?

경쟁력 있는 측면

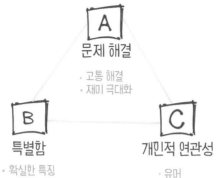

경쟁력에는 세 부분이 있다. A: 사람들이 겪는 문제 상황을 해결하는 데 도움을 주고, B: 특별함을 지니며, C: 긍정적인 개인적 연관성을 만들어 내는 것이다. 일단 훌륭한 아이디어가 생기면 경쟁력 측면을 더욱 예리하게 다듬어 아이디어가 수익을 낼 수 있게 해야 한다.

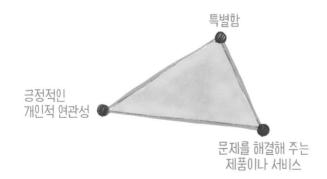

때로는 경쟁력 있는 측면이 위 그림처럼 균형을 이루지 못하는 경우가 있다. 이럴 때는 무딘 부분을 예리하게 다듬어 균형을 이뤄야 한다.

ELEMENTS OF DIFFERENTNESS
특별함의 요소

* 놀라운 상향식 전술

확실한 특징 Double Down

"경쟁사 제품이 싸다고? 우리 제품은 두 배 더 저렴합니다."
더 좋고 빠르고 저렴한 특징을 두 배 더 좋고, 두 배 더 빠르고,
두 배 더 저렴한 것으로 만들어라.

발상의 전환 Do the Opposite

우유 ➡ 우유가 아니라 아몬드 실크라 부르자!

특이함 Feature an Oddity

높이가 낮은 유아용 변기

쇠똥 시계는 특이함과 확실한 특징을 지닌 제품의 훌륭한 사례다. 이 제품의 유일한 제약은 공급을 확보하는 데 있었다. 소들은 방귀만 많이 뀌기 때문이다.

확실한 특징과 특이함을 지닌 제품!

쇠똥 시계

등에 매는 개인용 분사 추진기인 제트팩Jet pack은 원래 대형 선박의 측면 청소를 위한 제품으로 출발했다. 제품 개발자는 이 아이디어에 독특함을 더하고 다른 사용 상황을 타깃으로 삼아 제품의 경쟁력 측면을 보다 예리하게 만들었다. 판매는 제트팩이 나는 높이만큼이나 하늘 높은 줄 모르고 치솟았다.

원래 선박 청소용으로 만들어졌다.

판매량

오락용으로 개조

판매량

기존 제품이 있다면 가능한 사용 상황을 창의적으로 만들어라.

제품에 대해 긍정적인 감정을 심어 주는 일은 매우 중요하다. 부정적인 정서를 이끌어 낼 수 있는 제품을 만들지 않도록 주의해야 한다.

1회용 속옷

이 제품을 살 의향이 있나요?
없다면?
그 이유는?

"이 속옷을 입으면 느낌이 이상해요."

부정적인 정서

수많은 기업들이 '혜택'을 판매하는 훨씬 더 효과적인 접근 방식을 택하는 대신 '특성'을 판매하는 데 집중하곤 한다. 잠재적 소비자에게 아이디어를 소개하고 감정에 호소하며 제품을 소비자의 긍정적 정서와 연결시켜야 한다.

제품의 사용 상황에 대해 창의성을 발휘하라. 앞치마를 만드는 한 회사는 소비자들이 단순히 귀엽고 예쁘다는 이유로 앞치마를 사기도 한다는 사실을 발견하기 전까지 앞치마는 오직 설거지를 하기 위해서만(기능) 산다고 생각했다. 새로운 사용 상황을 발견하는 과정은 아래와 비슷하다.

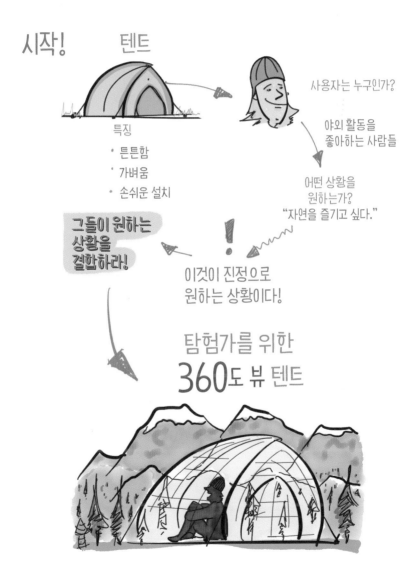

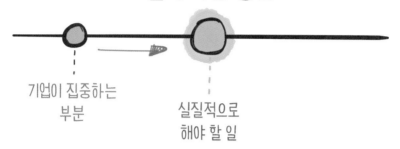

실제 사용 상황

기업이 집중하는
부분

실질적으로
해야 할 일

포커스 그룹을 활용해
실제 사용 상황을 파악하라.

사실상 대부분의 소비자는 기업이 원래 생각했던 이유가 아닌 다른 이유로 제품을 사용하고 있다. 포커스 그룹은 소비자의 제품 사용 상황을 보다 구체화하는 데 도움을 주며, 이는 또 기업이 사용 상황을 주도하는 데 도움이 된다.

DISCOVER

SITUATION

FIRST

AND IT WILL DETERMINE THE FEATURE SET

사용 상황을 먼저 파악하라.
그러고 나서 제품의 특징을 결정하라.

아이디어를 선택한 후, 좌측에는 타깃 소비자를 나열하고 상단에는 최소한 10가지의 서로 다른 사용 상황을 기입한 아래와 같은 표를 만들어라. 그리고 가장 수익이 많이 날 수 있는 소비자 계층과 가장 강력한 사용 상황을 찾아 그곳에 집중하라. 모든 부분에 집중하고 싶은 유혹이 생길지 모르겠지만, '단 한 곳'에만 집중해야 한다.

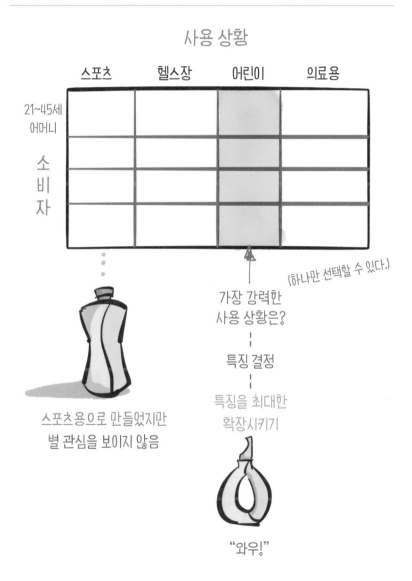

사용 상황

	스포츠	헬스장	어린이	의료용
21~45세 어머니				

소비자

스포츠용으로 만들었지만 별 관심을 보이지 않음

가장 강력한 사용 상황은?
(하나만 선택할 수 있다.)

특징 결정

특징을 최대한 확장시키기

"와우!"

Situation Statement
사용 상황 기술서

사용 상황 기술서를 작성하면 노력을 한 곳에 집중시킬 수 있다.

**타깃 소비자는 불편한 부분을 해결/
재미있는 부분을 즐기고 싶지만, 문제 상황 때문에
그렇게 할 수 없다. 제품은 가치 혁신을 통해
타깃 소비자가 문제 상황을 극복할 수 있게 해준다.**

출구 전략을
찾고 있는 상황이라면…

우리 기업이 곧 '제품'이 되고,
이때 타깃 소비자는 기업을 인수하는 사람이다.
인수하려는 사람은 어떤 상황을 해결하고자
우리 기업을 인수하려 하는가?

그걸 파악할 수 있는 사람을
자문 위원으로 위촉하라.

아이디어의 경쟁력 있는 측면을 부각시켜 수익과 연결시켜라.

▶ 경쟁력의 요소: 문제 상황의 해결, 확실한 특징, 개인적 연관성

▶ 제품의 특성이 아닌 제품의 혜택을 소비자에게 강조하라. 긍정적인 감정이 중요하다.

▶ 포커스 그룹을 활용해 실질적 사용 상황을 구체화한 후 제품의 특징을 결정하라. 이
때 타깃 소비자에게 집중해야 한다.

CHAPTER EIGHTEEN

[직원과 사장의 목표를 일치시키는 법]

성과와 인센티브의 균형 잡기

미식축구 경기에서 쿼터백이 상대 수비수로부터 태클을 당할 위험에 처했다면 어떻게 해야 할까? 가지고 있던 공을 아무 데나 던져 버려야 할까? 아니면 태클을 그냥 당해야 할까? 쿼터백이 부상을 당하면 손해이니 구단주는 공을 던져 버리기를 원하는 반면, 쿼터백은 자신의 패스 성공률을 유지하기 위해 차라리 태클을 당하려 할 것이다. 양측의 입장을 어떻게 조정할 수 있을까? 이 장은 이에 관한 문제를 다룬다.

승리를 바탕으로 인센티브를 주지 않는 이유는?
통제할 수 없기 때문에.
"통제할 수 없다면, 그럴 이유가 있을까?"

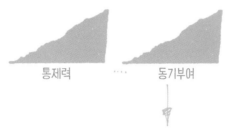

통제력 ···· 동기부여

인센티브에 초점을 맞춰야 한다.
동기부여 문제가 있다면, 통제 부분에도 문제가 있을 수 있다.

대리인 이론 Agency Theory

①

CEO
대표

직원
대리인

자신의 효용 극대화
(이기적)

대리인 이론은 대리인이 자신의 이익을 위해 효용을 극대화한다고 주장한다. 목표 불일치는 대표(CEO)와 대리인(직원)의 목표가 서로 다를 때 일어난다.

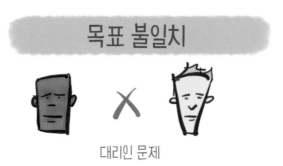

대리인 문제

사람들은 최소한의 노동으로 최대한의 돈을 벌고 싶어 한다. 이번 장에서는 기업의 목표와 직원의 동기부여를 일치시키는 조직 구조와 인센티브 시스템 구축에 대해 다룬다.

인센티브

기업 목표

조직 구조
Organizational Architecture ②

의사결정권

성과 측정

인센티브 시스템

3가지 모두가 필요하며,
이들의 중요성은 모두 동일하다.

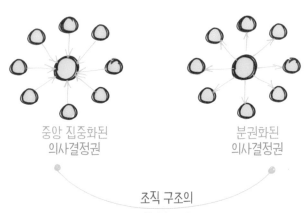

중앙 집중화된
의사결정권

분권화된
의사결정권

조직 구조의
모든 변화에는
성과 측정과
인센티브 시스템의
변화가 따라야 한다.

경영자는
자신을 대신해
자산을 관리할
직원을 고용한다.

경영자

직원

직원은 의사결정권을 지닌다.

자신이 관리하는
공장의 성과 측정

자신이 관리하는
공장의 성과 측정

자신이 관리하는
공장의 성과 측정

한 부문이 특정 측정 기준에 따라 평가되면,
조직 전체의 이익과 상관없이 인센티브를 받기 위해
그 측정 기준에만 집중해 자신들의 혜택만 생각할 수도 있다.

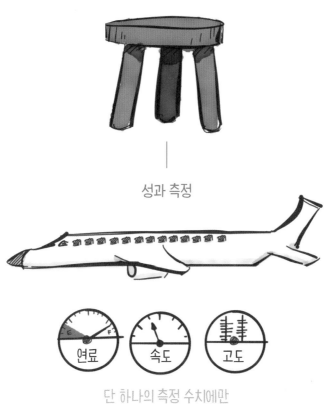

성과 측정

연료   속도   고도

단 하나의 측정 수치에만
집중하지 않는다.

균형성과기록표

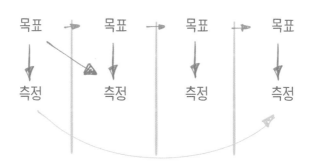

목표   목표   목표   목표

측정   측정   측정   측정

목표는 실행 가능하고
측정 가능해야 한다.

균형성과기록표 예시 [3]

내부 운영에 대한 관점	학습과 성장의 관점	소비자의 관점	재무적 관점
운영의 탁월성	동기부여가 잘된 직원	소비자에게 즐거움을 제공	수익 증가
↓	↓	↓	↓
재고 감소	직원 설문조사	소비자 만족	매출

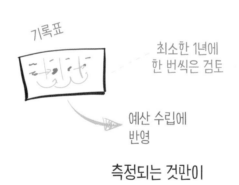

기록표

최소한 1년에
한 번씩은 검토

예산 수립에
반영

측정되는 것만이
완성될 수 있다.

한 가지 주의해야 할 점이 있다. 바로 성과 측정 자체가 목적이 되는 때다. 관리자가 팀원과 1:1 면담을 하는지 측정한다고 해보자. 면담의 목적은 팀원들에게 도움을 주기 위함이지만 만약 관리자가 팀원들이 메일을 읽는 것만으로도 충분하다고 느낀다면 그 면담의 질은 나빠질 수도 있다.

사장과 직원 간의 서로 다른 목표에 대한 균형 잡기가 필요하다.

▶ 대리인 이론: 대표(사장)−대리인(직원) 관계에서 나타나는 여러 문제를 다루는 이론

▶ 조직 구조는 의사결정권과 성과 측정, 인센티브 시스템 이 3가지가 알맞게 균형을
이루어야 한다.

▶ 실행 가능한 목표를 세우고 그 성과는 언제나 측정될 수 있어야 한다. 균형 성과 기
록표를 작성하라.

CHAPTER NINETEEN

[여기서 팔던 것을
저기에서도 팔려면]

▶▶ 글로벌 비즈니스를 위한
CAGE 프레임워크 ◀◀

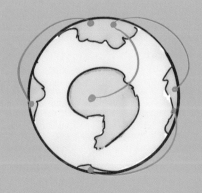

글로벌 경영Global Management은 기업이 제품이나 비즈니스로 세계 곳곳에 진출할 때 해당 지역의 니즈와 문화를 파악해 성공 가능성을 높이는 데 목적을 둔다.

문화적 차이
선호의 차이
니즈의 차이

지역 간의 거리는
지리적 요인으로만 생기지 않는다.

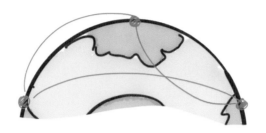

많은 기업들이 글로벌 신규 시장에 진출하면서 뼈아픈 실패를 맛봤다. 그들의 제품은 새로운 시장의 수요와 욕구를 전혀 충족시키지 못했다. 왜 그랬을까? 당장이라도 중국과 같은 시장에 뛰어들고 싶은 유혹이 생기겠지만 멈춰라. 다른 국가의 사고방식과 행동, 기대치, 가치 등의 문화적 차이를 이해하기 위한 적절한 조사와 정보 수집이 먼저다.

CULTURE

사고방식
행동
기대치
가치

학습
공유
전달

다수의 사람들에
대한 조사

CAGE
DISTANCE FRAMEWORK
지역 간의 거리 파악을 위한 프레임워크 [1]

지역 간의 거리는 지리적 요인으로만 생기지 않는다. 글로벌 전략을 검토할 때 CAGE 프레임워크는 우리가 잠재적 위험을 피해 가는 데 도움을 준다.

CULTURAL DIFFERENCES
문화적 차이

어떤 언어를 사용하는가? 단일 민족 국가인가, 다인종 국가인가? 이 외에도 그들이 믿는 종교와 가치관, 규범 등을 파악해야 한다.

ADMINISTRATIVE DIFFERENCES
행정적 차이

진출하고자 하는 국가의 정치적 풍토, 법적 시스템, 사용하는 통화도 글로벌 전략에서 꼭 확인해야 할 사항이다.

GEOGRAPHIC DIFFERENCES
지리적 차이

진출하려는 국가가 거리상으로 얼마나 멀리 떨어져 있는가? 그곳의 기후는 어떠한가? 당신의 제품이 해당 국가의 지리적 요인과 맞아떨어지는지 확인하라.

ECONOMIC DIFFERENCES
경제적 차이

해당 국가의 빈부격차는 어느 정도인가? 사회기반시설은 잘 정비되어 있는가? 당신의 제품을 구매할 수 있는 경제력이 얼마나 갖춰져 있는지 파악하라.

문화적	행정적	지리적	경제적

이러한 표를 작성해 놓으면 글로벌 전략을 계획하고 공유할 때 손쉽게 참고할 수 있다. 이 네 분야를 확인하면, 글로벌 비즈니스로 확장하는 과정에서 많은 어려움을 피할 수 있을 것이다.

SUMMARY

글로벌 경영은 물리적 거리 외에도 문화적 거리의 영향을 받는다.

▶ 신흥 시장에 진출하려면 해당 국가의 문화적 차이, 선호의 차이, 니즈의 차이를 파악해야 한다.

▶ CAGE 프레임워크: 문화적(인종, 종교, 가치관 등), 행정적(정치 및 법적 시스템, 통화), 지리적(거리 및 기후), 경제적(빈부격차 등) 차이를 파악하여 잠재적 위험을 피한다.

CHAPTER TWETY

[이제 당신의 사업을 시작하라]

▶▶ 사업을 시작하고
성공시키는 모든 것 ◀◀

와우! 지금까지 꽤 많은 내용을 다뤘다. 이제 이 모든 내용이 어떻게 신규 비즈니스 벤처에 종합적으로 적용되는지 살펴보자. 이 책에 담긴 내용이 여러분 자신의 기업을 만들어 가는 여정에도 좋은 참고가 되기를 바란다.

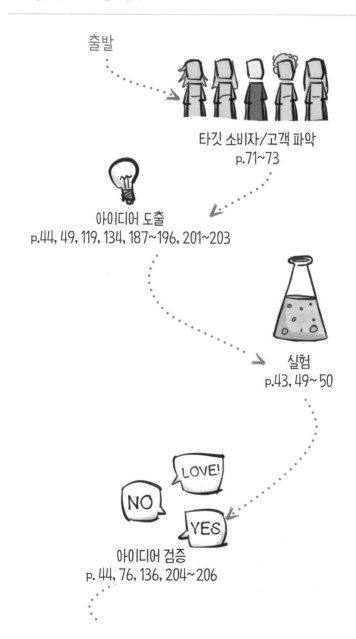

출발

타깃 소비자/고객 파악
p.71~73

아이디어 도출
p.44, 49, 119, 134, 187~196, 201~203

실험
p.43, 49~50

아이디어 검증
p. 44, 76, 136, 204~206

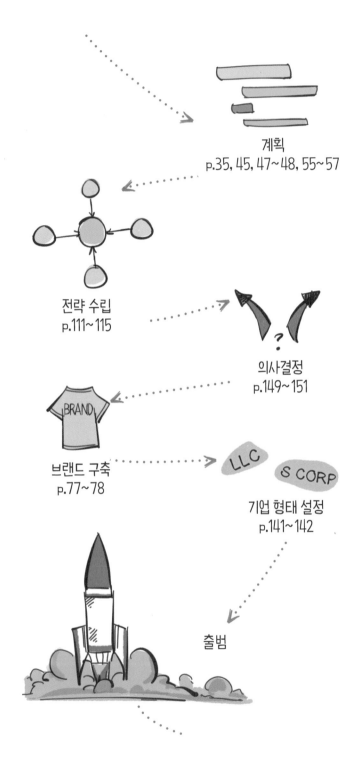

계획
p.35, 45, 47~48, 55~57

전략 수립
p.111~115

의사결정
p.149~151

BRAND

브랜드 구축
p.77~78

LLC

S CORP

기업 형태 설정
p.141~142

출범

NEW!

마케팅
p.71~74, 210

측정과 진단 p.29~34

제품과 마케팅 방식 개선
p.74~76, 201, 207~209, 211~214

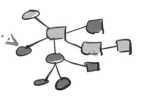

문제 해결 p.161~163

리더십
p.17~20, 179~182

기업 윤리 p.125~128

팀 구축 p.21~24, 91~92

성과 개선 p.219~224

직원 고용 유지 p.93~96

관리 방식의 변화 p.165~172

기업의 성장과 투자
p.44, 76, 136, 204~206

글로벌 시장으로 확장
p.229~232

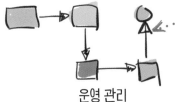

운영 관리
p.83~86

협상 p.101~106

여기까지 책을 읽고 나서 좀 더 스마트해졌다는 느낌이 드는가? 좋다. 이 책을 통해 많은 통찰을 얻었을 거라 확신한다. 이제 당신이 배운 것을 현실에 적용할 때이다.

학습의 70퍼센트는 경험으로 이뤄지므로, 이제부터는 여러분의 몫이다. 학습한 개념과 프레임워크를 당신의 비즈니스 속에서 직접 실행해 보기 바란다. 어떤 것이 이론대로 작동하고 어떤 것이 그렇지 못한가? 어떻게 개선할 수 있을까?

배움은 결코 멈추지 않는 법이다. 소크라테스(B.C. 469~399)는 지금으로부터 2,000년도 더 전에 살았지만 자신이 무엇에 대해 말하는지 알고 있었다. 깊이 파고들고 '왜?'라고 질문하며 도전하고 끊임없이 질문해야 한다. 그러고 나서 '실행'해야 한다. 그러면 단편적인 부분이 아니라 전체 그림을 이해할 수 있게 될 것이다.

이 책을 구입하고 끝까지 읽어준 데 대해 감사를 전한다. 여러분이 이 책에서 단 하나의 아이디어라도 선택해 시도하고 학습하며 성장할 수 있다면, 나에게 그보다 더 의미 있는 일은 없을 것이다.

제이슨 배런

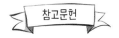
참고문헌

Chapter 1

1. Ulrich, Dave, and Norm Smallwood. "Building a Leadership Brand." Harvard Business Review (July–August 2007).

2. Ulrich, Dave, and Norm Smallwood. "Five Steps to Building Your Personal Leadership Brand." Harvard Business Review (December 2007).

3. Goman, Carol K. "Seven Seconds to Make a First Impression." Forbes (February 2011). https://www.forbes.com/sites/carolkinseygoman/2011/02/13/seven-seconds-to-make-a-first-impression/#4d31f1dd2722.

4. 다니엘 핑크(Daniel Pink), 〈드라이브: 창조적인 사람들을 움직이는 자발적 동기부여의 힘 (Drive: The Surprising Truth About What Motivates Us)〉, 청림출판, 2011

5. Lindquist, Rusty. "Finding Your Own Personal Sweet Spot." Life Engineering blog (August 2008). https://life.engineering/finding-your-own-personal-sweet-spot/.

6. Professor Sumantra Ghoshal. Speech at World Economic Forum in Davos, Switzerland (n.d.). https://www.youtube.com/watch?v=UUddgE8rIOE.

7. Schwartz, Tony, and Catherine McCarthy. "Manage Your Energy, Not Your Time." Harvard Business Review (October 2007).

8. Dyer, William G., W. Gibb Dyer, Jr., and Jeffrey H. Dyer. Team Building: Proven Strategies for Improving Team Performance (4th ed.). San Francisco: Jossey-Bass, 2007.

Chapter 3

1. Ideo. "How to Prototype a New Business." Blog entry. https://www.ideou.com/blogs/inspiration/how-to-prototype-a-new-business.

2. Mankin, Eric. "Can You Spot the Sure Winner?" Harvard Business Review (July 2004).

3. Levy, Steven. The Perfect Thing: How the iPod Shuffles Commerce, Culture, and Coolness. New York: Simon & Schuster, 2007.

4. https://dschool.stanford.edu/resources.

Chapter 4

1. Monte Swain. "The Management Process." In "Management Accounting and Cost Concepts," Chapter 15 in W. Steve Albrecht et al., Accounting: Concepts and Applications. Boston: Cengage Learning, 2007.

Chapter 6

1. Reynolds, Thomas J., and Jonathan Gutman. "Laddering Theory, Method, Analysis, and Interpretation." Journal of Advertising Research (February/March 1988).

2. Sinek, Simon. "How Great Leaders Inspire Action." TED Talk given in Puget Sound, Washington, September 2009. https://www.ted.com/talks/simon_sinek_how_great_leaders_inspire_action.

Chapter 7

1. Gray, Ann E., and James Leonard. "Process Fundamentals." Harvard Business School Background Note 696-023, September 1995. (Revised July 2016.)

Chapter 8

1. Hackman, J. Richard, and Greg R. Oldham. (1975.) "Development of the Job Diagnostic Survey." Journal of Applied Psychology 60, (2): 159–170.

2. Herzberg, Frederick. "The Motivation–Hygiene Concept and Problems of Manpower." Personnel Administrator 27 (January–February 1964): 3–7.

3. Dyer, William G., W. Gibb Dyer, Jr., and Jeffrey H. Dyer. Team Building: Proven

Strategies for Improving Team Performance (4th ed.). San Francisco: Jossey-Bass, 2007.

Chapter 9

1. Forsyth, D. R. Group Dynamics. Belmont, MA: Wadsworth, Cengage Learning, 2010, 2006.
2. 로저 피셔(Roger Fisher), 브루스 패튼(Bruce Patton), 윌리엄 유리(William Ury), 〈Yes를 이끌어 내는 협상법(Getting to Yes: Negotiating Agreement Without Giving In)〉(재개정판), 장락, 2014.
3. 스튜어트 다이아몬드(Stuart Diamond), 〈어떻게 원하는 것을 얻는가(Getting More: How You Can Negotiate to Succeed in Work and Life)〉, 8.0(에이트 포인트), 2011

Chapter 10

1. Porter, Michael. "How Competitive Forces Shape Strategy." Harvard Business Review (March 1979).
2. Porter, Michael. "What Is Strategy." Harvard Business Review (November/December 1996).
3. Barney, J. B., and W. S. Hesterly. "VRIO Framework." In Strategic Management and Competitive Advantage. Upper Saddle River, NJ: Pearson, 2010, pp. 68-86.
4. 김위찬, 르네 마보안(R. Mauborgne), 〈블루오션 전략(Blue Ocean Strategy: How to Create Uncontested Market Space and Make the Competition Irrelevant)〉, 교보문고, 2005

Chapter 12

1. 피터 드러커(Peter Drucker), 〈기업가 정신(미래사회를 이끌어가는), (Innovation and Entrepreneurship)〉, 한국경제신문사, 2004

Chapter 13

1. 존 해먼드(John S. Hammond), 랄프 카니(Ralph L. Keeney), 하워드 라이파(Howard Raiffa), 〈대

가의 조언(Smart Choices: A Practical Guide to Making Better Decisions)〉, 전략시티, 2014.

2. 대니얼 카너먼(Daniel Kahneman), 〈생각에 관한 생각(Thinking, Fast and Slow)〉, 김영사, 2018.

3. Tversky, Amos; Kahneman, Daniel (1973). "Availability: A heuristic for judging frequency and probability." Cognitive Psychology 5 (2): 207-232.

4. Kahneman, Daniel; Tversky, Amos (1972). "Subjective probability: A judgment of representativeness." Cognitive Psychology 3 (3): 430-454.

5. Kahneman, Daniel; Tversky, Amos (1979). "Prospect Theory: An Analysis of Decision under Risk." Econometrica 47 (2): 263.

6. Tversky, A.; Kahneman, D. (1974). "Judgment under Uncertainty: Heuristics and Biases." Science 185 (4157): 1124-1131.

7. Lichtenstein, Sarah; Fischhoff, Baruch; Phillips, Lawrence D. "Calibration of probabilities: The state of the art to 1980." 대니엘 카너먼(Daniel Kahneman), 폴 슬로빅(Paul Slovic), 아모스 트발스키(Amos Tversky), 〈불확실한 상황에서의 판단(Judgment Under Uncertainty: Heuristics and Biases)〉, 아카넷, 2006.

8. Kunda, Z. (1990.) "The case for motivated reasoning." Psychological Bulletin 108 (3), 480-498.

Chapter 14

1. Doran, G. T. (1981.) "There's a S.M.A.R.T. way to write management's goals and objectives." Management Review, AMA FORUM 70 (11): 35-36.

2. Lewin, Kurt. (1947.) "Frontiers in Group Dynamics: Concept, Method and Reality in Social Science; Social Equilibria and Social Change." Human Relations 1:5-41.

3. 윌리엄 브리지스(William Bridges), 〈변환 관리(Managing Transitions)〉, 물푸레, 2004.

Chapter 16

1. Ainsworth-Land, George T., and Beth Jarman. Breakpoint and Beyond: Mastering the Future — Today. Champaign, IL: HarperBusiness, 1992.

2. 데이브 그레이(Dave Gray), 서니 브라운(Sunni Brown), 제임스 매카누포(James Macanufo), 〈게임스토밍(Gamestorming)〉, 한빛미디어, 2016.

3. "The hunt is on for the Renaissance Man of computing," in The Independent, September 17, 1991.

4. Created by Ginadi Filkovsky, Jacob Goldenberg, and Roni Horowitz.

5. Michael Lee, http://mldworldwide.com

6. Clayton Christensen et al. "Know Your Customers' "Jobs to be Done.'" Harvard Business Review (September 2016).

Chapter 17

1. 에드워드 드 보노(Edward de Bono), 〈생각이 솔솔 여섯 색깔 모자(Six Thinking Hats: An Essential Approach to Business Management)〉, 한언, 2011.

Chapter 18

1. Eisenhardt, K. (1989.) "Agency theory: An assessment and review." Academy of Management Review 14 (1): 57–74.

2. Gupta, Mahendra R., Antonio Davila, and Richard J. Palmer. https://olin.wustl.edu/EN-US/Faculty-Research/research/Pages/performance-effects-organizational-architecture.aspx.

3. 로버트 캐플런(Robert S. Kaplan), 데이비드 노턴(David Norton), 〈가치실현을 위한 통합경영지표 BSC(The Balanced Scorecard: Translating Strategy into Action)〉, 한언, 1998.

Chapter 19

1. Framework created by Pankaj Ghemawat, http://www.ghemawat.com

옮긴이 **문직섭**

고려대학교 경영학과를 졸업하고 미국 오리건주립대학교에서 MBA 학위를 취득했다. ㈜대우 미국 현지 법인에서 10여 년간 근무하며 미국과 세계 각국을 상대로 국제무역과 해외영업을 담당했고, 현재 한국 내 중소기업의 해외영업 총괄 임원으로 재직 중이다. 글밥아카데미를 수료한 후 바른 번역 소속 번역가로 활동하며 비즈니스 현장에서 쌓은 경험을 바탕으로 경제경영서 번역에 주력하고 있다. 옮긴 책으로 《전략에 전략을 더하라》, 《알수록 정치적인 음식들》, 《타일러 코웬의 기업을 위한 변론》, 《혁신국가》, 《절대 실패하지 않는 비즈니스의 비밀》 등이 있으며 〈하버드 비즈니스 리뷰〉 한국어판 번역에 참여했다.

세상에서 가장 쉬운 경영 수업

초판 1쇄 발행 2020년 9월 7일
초판 6쇄 발행 2025년 1월 2일

지은이 제이슨 배런
옮긴이 문직섭
발행인 강선영 · 조민정
펴낸곳 (주)앵글북스
표지·본문 강수진

주소 서울시 종로구 사직로8길 34 경희궁의 아침 3단지 오피스텔 407호
문의전화 02-6261-2015 **팩스** 02-6367-2020
메일 contact.anglebooks@gmail.com
ISBN 979-11-87512-47-9 03320
한국어판 ⓒ (주)앵글북스, 2020. Printed in Seoul, Korea.